LEAD Readers

领读者

郑伟 著

朗读，让生活更美好！

中国传媒大学出版社
·北京·

自 序

笔者主业在大学从教，将满12年，业余时间在互联网开设自媒体，也已9年有余。幸运的是，无论主业还是业余，所做之事都与我博士主攻专业方向“中国播音学”相关，真正做到了学以致用。微信订阅号“郑老师的话”，坚持每日更新朗读范读9年时间，吸引了30余万热爱语言表达的志同道合者，与之匹配的微信社群——“郑老师语言表达交流群”的数量也已达到500个，八九万人每日在群内早读夜读，精进声音，他们也制作出一大批质量上乘的朗读作品在订阅号发表，并因此建立起一个精美的线上“声音博物馆”，令人欣慰。

我们的语言表达社群除去日常的早夜读之外，笔者还会在每周三、四通过直播软件向全体群友授课。周三的课程以交流互动、点评作品为主；周四的课程则是完整的语言表达课程。这门课程以语言表达技巧为纲，穿插作者背景故事、历史文化知识等，周周开设，雷打不动，至今已开设三百七十余期。正是在这些课程的加持之下，撰写这本《领读者》的念头才开始萌发。

这本《领读者》正是从这370多节课程当中精选出来的现代白话文朗读技巧合集。从文稿角度来看，它们都属于国内外文学经典，从创作角度来看，笔者严格遵照了“中国播音学”中《播音创作基础》的“备稿六步”，对稿件进行分析创作。其中的“备稿贴士”及“郑老师的话”则是为读者补充的文学知识及朗读技巧。此外，通过扫描二维码，读者可以参考配乐范读进行练习，仿若“郑老师”就在您的身边。

这本书最大的意义，不在于“看”，而在于“练”。每一篇习作都需要读者在了解完内容和技巧之后进行实实在在的练习。俗话说，“三年的胳膊、五年的腿，十年练不好一张嘴”，然而，文字与范读只能作为您的拐杖，要真正达到自身语言功力的精进，则要看读者是否真心愿意付出时间。

随着线上更新的不断持续，《领读者》也会成为系列书籍，一直为您更新不同文学经典的朗读技巧，如古文诵读就是下一本书的方向。希望热爱语言表达的读者朋友可以通过微信订阅号“郑老师的话”，来反馈您的宝贵意见，也欢迎您加入“郑老师语言表达交流群”，来跟数万群友一起，早读夜读、创作朗读、精进声音！

除此之外，《领读者》这本书中特别将订阅号“郑老师的话”中的“声音博物馆”收录其中，按照下图步骤，读者朋友们便可以聆听更多群友的优秀作品，说不定其中就有您的哦！与此同时，也期待有更多志同道合的朋友能加入进来，共同探讨，共同进步！

是为序。

郑 伟

2023 年 11 月

目　录

朗读，让生活更美好

不善言谈，是许多国人的共性。但在一些人看来，这并不是一个缺点，人们甚至会用“沉稳、忠厚、朴实”等褒义词去赞扬他们。一直以来，中国人对于太善于言辞的人反而会怀有戒心，认为这是不够成熟的表现。

查阅中国历代王朝体制，我们并没有发现其对于语言表达的特殊观照，相反，其人才选拔制度对于语言表达能力却是一种扼杀，特别是隋唐以来，科举考试只看考生文笔，而不看其口才。虽然教育部门一直在语文课纲当中要求“朗读”，但无论是考试制度还是目前师范院校的培养体系，都未见体现这一指导原则的具体举措与实施方式。所以，语言能力的要求往往流于空泛。在语文教学当中，“重文轻语”的情况由来已久，并且短期内难见改善之端倪。

讷于言不是不说话，而是说话谨慎，与当下相比，传统社会的特点是“熟人社会”，也就是说，一个人一生的行动半径也许只有几公里。在这样的社会环境中，人与人之间的识别成本极低，往往几代人互有往来，并交织成网，人人知根知底，家家熟门熟路，这便使得人与人之间的交际并不附带太多相互了解的成分，要打听一个人、一户人家，往往只需要在本地熟人之间问询便能得到详实的信息。同时，在那个“慢”的时代，人们亦可通过书信往来，以文字为媒介，谨慎而缜密地抒发自己的情感、阐释自己的想法。在食不果腹的年代，口才过分敏捷的人，反而容易引起民间流言，或煽动朴实群众，这是统治者所不愿意看到的。

然而时过境迁，今日之社会已经发生了翻天覆地的变化。我们已经从过去的“熟人社会”进入“陌生人社会”。每日需要打交道的人，一多半都是我们所不熟悉的。比如卖早点的师傅、送快递的小哥、网约车的司机等，凡此种种，不胜枚举。只有和更多的人进行协作，我们才能用自己有限的时间更高效地完成更多的事情。只有得到大多数陌生人的认可，我们才能够在城市当中立足。人们在这样的陌生人沟通和交流的过程当中发现，语言表达，是一件多么重要的事情，它愈加成为我们在这个陌生人社会中的核心竞争力。

都市当中，陌生人之间通过他人去展开了解的可能性与可行性都非常低，谁也不会因为要去取一个快递而通过各种渠道去了解一个快递小哥的家世。同时，今日陌生人之间的初次沟通，往往通过现代通信设备，无论是用电话还是用微信语音。我们以最低成本去了解一个人的最佳途径就是通过他的声音和谈吐，而我们天生就有一种能力，即通过声音去判断一个人修养的能力。

每天，我们的声音其实都处在检阅和被检阅当中，善于语言表达与交流的人渐渐成长为城市当中的佼佼者。也许他自己并不知道，也许仰望他的人也很少将成功归于他的语言表达能力。但是，大家就是在懵懂中潜移默化地被他人的语言所征服的。

从实用的角度来看,语言能力日趋成为商业谈判中的必备能力,成为陌生人初次见面时缓解尴尬气氛的有力保障。从审美的角度来看,随着经济的繁荣发展,人们自我意识的觉醒,大量修图软件开始盛行,今日,大众更加重视自己的“颜值”。这种自我意识的不断发酵,也使得人们对于组成自己气质的各个方面都开始了全方位的要求与检视,比如声音,就首先成了人们力图改善的部分。

从当下播音与主持艺术专业报名的火爆程度,我们可以看出年轻人对声音艺术的向往。从当下诵读类活动与诵读类节目开展得如火如荼也能看出,人们对于声音审美的觉醒。

改善声音,成为时代的呼唤。而朗读,是使我们声音气质得到改善的最佳途径。

首先,朗读稿件本身都是书面语,有价值的朗读稿件往往是书面语中的经典文本,对它们的诵读,会使我们的语言更规整、措辞更优美。因此,经典文本是我们积累语言素材的最好来源。

其次,朗读讲究“情、声、气”合一,一篇朗读稿件,往往有着较完整的情感和较夸张的表达,这些都可以使我们对语言的驾驭能力和分寸的拿捏能力得到提高,让我们在日常表达中如鱼得水。

再次,多听朗读范读,多练习朗读作品,不断对难点音进行练习,可以改善大多数人的乡音,让朗读者的语音更为标准。

最后,朗读可以使朗读者提高审美趣味,进而提升整体气质。

可以说,朗读,让生活更美好!

构成语音的四个要素

声音用口能说出、用耳能听到，却看不见摸不着，难以把握其内在，洞悉其规律。这就如同我们可以通过画像去了解千年之前古人的形象，但是再也没有可能去了解他们发出的声音。然而近代许多著名人物的影像和声音都被保存了下来，我们虽然听不到第一位皇帝——秦始皇的声音，却可以听到末代皇帝溥仪的声音，这都要感谢现代录音技术的出现。

再往后，实验语音学科的发展，使得人们可以更为科学和严谨地去研究自己的声音。借用现代科技从物理学角度来分析语音，是现在我们洞悉声音的方法。所有的声音都可以从音高、音强、音长和音色四个维度来分析，人的语音与其他声音相比，最大的不同就是它载有可以表意的言语信息，而其他物理属性都是一样的，所以语音同样可以从这四个维度来分析。了解音高、音强、音长、音色这四要素，是我们了解自己声音的一把钥匙。

所谓音高，是指声音的高低，决定于声波的频率，而所谓的频率就是单位时间内声带振动的次数。我们平时在用声的时候要改变音高，就需要控制声带的拉紧或放松程度。声带越紧，振动频率次数越多,声音越高;声带越松,振动频率次数就越少,声音越低。平时我们所说的“扯着嗓子喊”,就是我们在不断拉紧声带,让它尽量发出更高的音。需要提醒的是,如果没有经过专业训练,长时间这样去压迫声带,会造成声带的病变。汉语普通话与音高之间的关系非常紧密,因为普通话是有声调的语言,其中的四声就是通过音高变化来实现的。声调不仅让普通话变得具有音乐性,而且让字音显示出不同的意义,所以,音高在汉语当中还有区别语义的作用。

所谓音强,是指声音的强弱,是由声波的振幅大小决定的,振幅的意思就是声带振动的范围。振幅大,声音就强;相反,振幅小,声音就弱。熟悉录音软件的朋友能够通过画面很直观地了解到自己声音的振幅。度量音强的单位是分贝,相信大家对这个计量单位比较熟悉。在语音中,音强与音高往往有连带关系,一般说来,音强增强时,音高也会提高;而音高提高时,音强也会增强。所以,分贝数越大,就意味着传出的声音越高、越强。

所谓音长,是指声音的长短,即声音的时值,它取决于声带振动的持续时间。这点很好理解:我们开始发音的时候,声音就出现了,我们停止发音的时候,声音就消失了,中间这段发音的时长就叫作音长。所以,声音的长短取决于我们气息的长短,这也是播音专业的老师在教学时要先教学生进行科学用声的原因。只有在科学用声技巧的支撑之下,气息才能持久稳定,才能保证在播读书面语句时,连贯流畅。音长在语流中与音高、音强以及音色一起,在区分词语含义、明确语句目的或表现语言情感方面共同起着重要作用。

所谓音色,也叫音质或音品,是指声音的特色和本质,是人与人之间声音之所以有区别的基本元素。音色决定于声波的含量,有的人声音厚实,有的人声音单薄,这就是由发音过程中音波含量的多寡所决定的。影响音色的因素包括发音体、发音方法和共鸣器官形状等。一个人的基本音色是天生的,但是通过对发音器官的控制,可以将自己的音色展现出不同的层次,这也是我们进行语言表达练习的重要目的和意义。

之所以要了解相对深奥的音高、音强、音长、音色这些语音学概念,是因为它们与后文要讲解的朗读技巧之间有着密不可分的关系。我们语言表达的全部技巧,就是通过不断改变音高、音强、音长、音色这四个基本维度来实现的。只有了解这些理论,才能够理论联系实践,进行更好的语言表达创作。

准备稿件的六个步骤

判断一个人是否为语言表达的初学者，或者是否接受过专业的语言表达训练，有一个非常简单的方式，那就是当他拿起一篇稿件的时候，是开口就读，还是会先行准备。开口就读的人往往是语言表达的门外汉，他们的读稿方式，往往是机械而苍白的，只是在"念字"，而非朗读或者播读，他们所呈现出的文稿往往是以"字"为单位的松散状。而受过一定语言表达训练的人，则不会轻易开口，而是要对稿件进行概览，然后谋篇布局，他们的读稿方式往往是将字进行"归堆儿、抱团儿"，其声音是为表达一定情感目的而进行的下意识调度，呈现出的文稿也是以词或句子为单位的紧密状。

这两种对待文稿的态度，是由所掌握的准备稿件的方式所决定的。朗读者在拿到一篇稿件之后，切忌直接就读，而是要进行充分备稿，而准备稿件往往要经过这样六个步骤，分别是：划分层次、概括主题、联系背景、明确目的、找出重点、确定基调。①

---

① 张颂.播音创作基础[M].北京：中国传媒大学出版社，2004.

所谓划分层次,是指把握全篇稿件的脉络,对自然段进行进一步归并和划分,如将内在联系比较紧密的段落归并为一个层次,或将内在联系比较紧密的层次归并为一个部分。我们在初高中阶段的语文课堂上所学习的划分层次的方式,在这里就可以派上用场。

所谓概括主题,是指将稿件的中心思想进行提炼,它的要求是要明确,而且要言简意赅,不能过于烦冗,不能过于笼统或空洞,而要具体、清晰。

所谓联系背景,是指将稿件所牵涉的作者背景、写作背景和当下的播读背景进行了解、概括,并将其进行有机统一。这个步骤在现实操作过程中往往容易被忽略,然而我们也看到,不联系背景而进行的语言表达创作一不小心就会出现"南辕北辙"的情况,因为其直接的后果就是将笔者在后文中谈到的"基调"确定错误。那些距离当下较为遥远的古诗词,那些虽处近现代但内涵丰富的"朦胧诗",都需要我们通过联系背景去深入理解。

所谓明确目的,是指明确我们在进行该篇稿件创作时所要达到的预期效果。任何一篇稿件,都有其内在的情感诉求,都有作者想要表达的具体方面,有声语言创作者只有准确把握播讲目的,才能提挈全篇,使我们的表达有的放矢。目的是稿件的灵魂,明确目的的过程,就是对稿件层次、主题、背景认识深化的过程,是对稿件理解和感受的再一次飞跃。

所谓找出重点,是指找出稿件中最集中、最典型地表现主题的地方,最得力、最生动地体现目的的地方,最浓重地抒发感情的地方,最直接、最恰当地感染听众或观众的地方。要注意的是,重点本身要“少而精”,表现得最鲜明、最高峰的地方有且只有一处。

所谓确定基调,是指确定稿件总体的感情色彩和分量。首先我们要确定稿件的色彩——它是红的还是黑的,然后要确定它的分量——是大红还是粉红抑或血红。每一篇稿件都有一定的感情色彩和分量,有的昂扬有力,有的深沉坚定,有的悲愤凝重,有的喜悦明快,这些都属于基调的范畴。备稿六步当中的前五步,都是在为最后的确定基调奠定基础,一篇稿件的基调一旦得到合理确定,就能够避免南辕北辙的情况,从而将作者的基本态度更好地表现出来。

以上的备稿六步,是我们在分析一篇稿件时的纲领性理论,将其与下文我们要讲解的语言表达基本技巧相结合,将会构成一篇稿件的分析图谱,指引我们的语言表达创作实践。

语言表达的七个技巧

在过去很长一段时间中,“播音无学”一直是社会舆论对于语言表达专业的一种论调,许多人会用一句轻描淡写的“不就是说话嘛”来概括对这一专业的认识,甚至在专业的播音员、主持人圈子当中,这种论调也非常盛行。但是梨园行将另一句话奉为圭臬:“三年的胳膊五年的腿,十年练不好一张嘴。”在更多专业人士看来,语言表达能力绝非“不学而能”的,倘若真的“无学”,那么语言表达又如何练习?如果其没有一定之规,那么语言技艺又如何有序传承?

在理论总结方面,中国典籍中关于语言表达的内容确实少之又少,直至清代李渔才开始了对传统戏曲中“念白”的理论化总结。这与中国历史上的“重文轻语”思想是分不开的,尤其梨园一行在传统世俗社会中被认为是“下九流”的行业,自然难以得到理论家太多的重视。但这一点在新中国成立之后有了极大改观。人人平等的概念被推广,艺人的地位得到提升,“艺术家”一词成为对做出成绩的艺人的最高荣誉和认可。一时之间,各种传统艺术也成为大学教学中受欢迎的专业,成为被研究的对象。播音专业就是在这样的大潮之下逐渐成为一门包含本科、硕士、博士的全建制专业的,同时在众多理论家的努力之下,被总结出许多理论。

中国当下较为权威的语言表达基础理论来自以齐越、张颂为代表的老一辈播音理论家,其基本理论大致来源于传统戏曲、苏联的斯坦尼表演体系以及现代语音学的理论知识。而我们将被总结出来的语言表达核心理论简称为"内三外四"。这七个技巧就像地球上的经线与纬线,使得原本看不见、摸不着的语言表达有了坐标。

所谓"内三",指的是三个内部技巧,也就是调动自身内部情感的三个基本技巧,它们分别是:情景再现、内在语、对象感。

情景再现,是指为了把稿件准确生动地再现给受众而采取的迅速调动情感的一种手段。这是一种联想活动,以稿件提供的文字为根据,展开再造想象,使稿件中的人物、事件、情节、场面、景物、情绪等在播读者的脑海中不断浮现,形成连续的活动画面,并不断引发相应的态度和情感。

内在语,是指稿件文字语言所不便表露、不能表露、没有完全显露出来或没有直接显露出来的语句关系、语句本质,即文字作品所带有的"言外之意,弦外之音"。

对象感,是语言交际的重要因素之一,是表达者产生交流感的一种心理技巧。很多时候我们面对文稿,虽"目中无人",却要努力做到"心中有人",一方面要对受众进行具体设想,依据稿件提供的条件对他们的收听心理进行分析,使表达有的放矢;另一方面就表达者的自我感觉而言,要时时处处在想象中感受受众的存在和反应,由此引起更强烈的播讲愿望。更饱满地播讲感情,以此强化语言表达,从而产生情感上的交流与呼应。

以上这三个内部技巧借鉴了很多斯坦尼斯拉夫斯基表演体系的内容,它们主要就是为了调动起朗读者自身的情感,避免“见字出声、机械念字”。我们在具体进行语言表达创作时,不必过分拘泥于这三个基本技巧的概念与步骤,因为不同的表达者还会有属于自己的理解文字稿件的方式。这三个技巧只是为了更好辅助我们进行理解,或者提示我们对文字中蕴含的情感进行挖掘。

而所谓的“外四”,是进行声音拿捏时要掌握的四个外部技巧,它们更可量化,对于声音的最终呈现有着提纲挈领的意义。这四个技巧分别是:停连、重音、语气、节奏。

停连,包括两个方面:停,即停顿;连,即连接。它是有声语言行进中的“标点符号”,要按文意、合文气、顺文势,自如地服从思想感情运动的需要,讲究“层次内部多连少停,层次之间多停少连”。

重音,是指语言表达中为突出明晰地表达出具体的语言目的和具体的感情色彩而着重强调的词或词组。重音的问题实际上是词或词组在句子里面的主次关系问题,不同于词的轻重格式中的重读音节。确定重音的位置,选择重音的表达方法,都要从具体语句着手,从全篇稿件着眼。重音表达方法多种多样,并非只有重读,而应该依内容、环境、情感而定,诸如低中见高、弱中见强、快中显慢、虚中转实、连中有停,以及各自的相反情况等。

语气,是指在一定的具体思想感情支配下具体语句的声音形式,包含一句话的色彩与分量。根据全篇稿件和整个思想感情的运动状态的要求，根据各个语句的本质不同及语言环境不同，每一个语句必然呈现出属于这一句的具体感情色彩和分量，并表现为千差万别的声音形式。这里语气的色彩和分量是语句的灵魂，但必须固着在一定的声音和气息的形式、形态中。

节奏，是有声语言的运动形式，是根据全篇稿件的语言内容和表达者思想感情的起伏所形成的抑扬顿挫、轻重缓急的声音形式的回环往复。节奏表现为声音形式中可比因素的对比与组合，如高低、强弱、快慢。节奏的运用方法有欲抑先扬、欲扬先抑、欲慢先快、欲快先慢、欲重先轻、欲轻先重，运用中应加强对比，纵控有节。

上述停连、重音、语气、节奏这四个技巧在接下来我们进行具体稿件分析时，将发挥纲领性作用，它们的具体标注，就如同一个个音符所组成的乐谱在音乐创作中的作用。因为语言表达本身具有“语无定势”的属性，它们的标注又不具有唯一性，而是有很多的转变空间，所以，任何一种表达风格的标注方式，对于初学者都是有参考价值的。在接下来的内容当中，大家所看到的标注，将是带有“郑老师”朗读朗诵风格的一种标注，特此说明。

语言表达，是一种艺术形式，任何艺术形式都是“重形式而轻内容”的，所以，此书并不教大家“说什么”，而是教大家“怎么说”。其中的全部技巧，都是在声音形式上的探索与打磨。

朗读更美的四个绝招

第一招　虚实结合

语言表达过程当中，我们要谨遵八个字："虚实结合，刚柔相济"，这看似武林绝学、内功心法，其实恰是我们进行语言表达时的不二法门。我们在说话的时候，无论是书面语表达，还是日常口语表达，虚声和实声结合运用会产生别具一格的声音美感。

所谓实声，大多数人可以理解其含义以及运用方式，我们日常交流和演说用的大多数声音都是比较实的声音，这样比较方便内容的有效传递。但是，许多人对虚声的概念就相对陌生。这也说明虚声的运用恰恰是需要练习的，而非不学而能的。在生活中，我们经常会见到许多朋友不会使用虚声，甚至不会跟人耳语。虚声本身是一种弱控制，这种控制需要更为精密的操作。

图 1 所显示的是人类的声带，我们的声音正是声带在气息的冲击之下发出来的。我们在用声过程中，声门紧闭的时候，发出的是实声；声门留出一条窄缝，也就是更多气息通过的时候，发出的就是虚声；声门打开，发出的就是气声。所谓虚实声，正

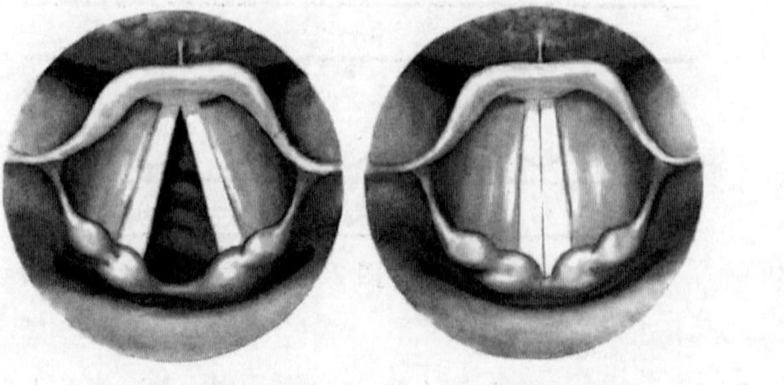

图 1

是由送气多寡来决定的。

用声时,声音无论一直处于实声还是虚声的状态,都会让人感觉单调,而虚实声一旦结合,不仅能让我们的声音瞬间变得错落有致,同时能让别人更愿意去接受,进而更容易同意我们所提出的主张。因为虚实声的结合能够让声音听上去更加柔和、富有情感,而且没有攻击性。

朗读,相对于日常说话,需要更饱满的情感和更丰富的表达,也只有在这种虚实结合的表达之下,才能够让我们在朗读的时候展现出声音的层次和情感的维度。

第二招　中低音域

无论是日常说话还是艺术语言表达,我们都要找到自己的"自如声区"。所谓自如声区,就是在高低音这两个极限区域之内可以为我们所自如驾驭的声音区域。

图 2 处于上下各自最边缘的两条线代表我们高音和低音的极限,一个人无论声音有多高或者多低,都一定是有极限的,超出这个极限或在临界点,我们都会难以长久驾驭,同时会使我们

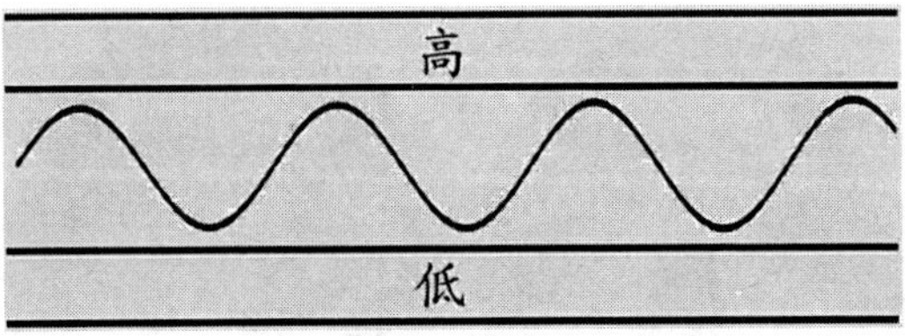

图2

的声带处于一个非常疲惫的状态。所以我们应当用内部两条线之间的区域进行发音,这个区域会使我们游刃有余。

在日常的语言交流中,一个声音发飘、不稳、尖厉或者偏高的人,即便他其实心地无私、内心纯洁,也往往会令人有不可信赖之感。而如果运用图2的区域中间偏下的中低音域进行交流,则会大幅提升说话者的"音值",进而全面提升整个人的气质。

艺术语言表达同样如此,比如《新闻联播》的播报,播音员一般都会使用自己的中低音域来播报新闻,这样才会给人不疾不徐、从容有度的感觉。朗读也是一样,初学者往往容易全篇用力,但如果在第一句就用足了音量,反而会让人感觉紧张,全篇也会因缺乏变化而让人觉得无味。只有以中低音为主,在必要之处辅以高音推动,才是正确的朗读创作之路。

另外,用中低音说话,不仅能够保持用声健康,保护声带,还会容易让别人对你充满敬意。用一句中国古话来形容就是:有理不在声高。

第三招 放慢节奏

包括朗读在内的书面语有声表达,有一条禁忌就是:不要太快。笔者曾总结过一句话:身材是一胖毁所有,口才是一快毁所有。因为我们语言表达的高低、快慢、抑扬、虚实、明暗都是通过对比得出来的,它们都是相对的,每个人因为自身条件不同,调节的程度也各不相同。

我们要在语言当中展示出这些技巧变化,有一个重要的前提就是,总体节奏要适度放慢,才能够在此基础之上进行铺陈,最终呈现出较为鲜明的对比,所谓“慢工出细活”。语言技术的细节,只有在总体较慢的节奏当中才能得以体现。层次丰富的语言表达,只有在慢节奏当中才能得到实现。

然而,在语言表达过程中,“慢”恰恰是最难的。我们看到许多不精于表达的人,在登台讲话或者念稿时,有一个重要的特点就是“快”,恨不能用光速念完所有的字,然后鞠躬下台。所以即便他们拥有一篇锦绣文章,他的表达也很难展现出太多色彩或者亮点。

不仅是语言,任何一种艺术形式,节奏都尤为重要。我们判断一个人艺术上是否成熟,不需要看他的年龄,只需要看他的节奏即可。只有总体能慢下来的人,才会呈现出无尽的艺术可能,其艺术素养也才会更加成熟。

第四招　有画面感

我们在进行语言表达时还有一个禁忌,那就是:单纯念字,具体来说就是眼前只有字,脑海当中没有画面。如果我们在朗读的时候,眼里只看到一个个汉字,而不去体会这些汉字背后所蕴含的意思的话,那么我们的声音就一定是僵死的,没有变化的。但如果我们在朗读的时候,脑海当中不断浮现画面,我们的声音就会充满弹性。“以情带声”,是我们进行语言表达时最好的方式。

所以,我们在朗读之前,先要努力去感受,把文字本身的意思变成自己要表达的意思,把字里行间的画面不断在脑海当中进行再现,把在脑海当中出现的那些画面,用朗读者自己的声音传递给大家。这不是一项下意识的活动,而是要经过反复锻炼才能做到的。也只有脑海中有了画面感,前面所提及的那些声音变化才能够水到渠成。画面感,是情感的蓄水池。

修炼声音的一万小时

接下来，笔者要介绍的是一万小时理论，这是出现在马尔科姆的《异类》中的理论。“几乎任何一个领域的世界级水平都需要起码10 000小时的训练”①，这是这项研究的一个重要结论。20 世纪 90 年代，研究人员在柏林音乐学院将小提琴专业的学生分为 3 组：第 1 组由最优秀的明星学生组成，他们个个都有发展成为世界级独奏家的潜质；第 2 组由那些仅被认为不错的学生组成；第 3 组由那些将来不太可能做职业演奏家，只可能在公立学校当音乐教师的学生组成。所有这 3 组学生被问及同一个问题：从首次接触小提琴至今，你练琴一共多少小时？

3 组学生差不多都是从 5 岁时开始接触小提琴的。在最初几年，这几组学生花在小提琴上的时间都相当——每周 2 到 3 个小时。但当他们到了 8 岁，练琴的时间开始出现了显著差别：第 1 组学生的练习时间开始明显上升，9 岁时为每周 6 个小时，12 岁时为每周 8 个小时，14 岁时为每周 16 个小时，到了 20 岁

---

① 格拉德威尔.异类——不一样的成功启示录[M].北京：中信出版社，2009.

以后,他们开始非常自觉而主动地将这个时间提升到 30 个小时。简单换算一下,到了 20 岁,这些卓越的演奏家们在练琴这件事情上已经投入了超过10 000小时。而第 2 组学生的练习时间平均累计为8 000小时,第 3 组学生的练习时间平均累计为4 000小时。

当参照的指标用于专业组和业余组的时候,相同的情况也出现了。业余组的成员中,他们的平均练习时间累计不超过2 000小时,而职业组的学生随着年龄的增长,累计时间都能超过10 000小时。

所以,这个项目的研究人员发现,根本没有所谓的"与生俱来的天才"(花比别人少的时间达到比别人高的程度)。在某个领域有成就的人一定比别人努力十倍、百倍。贝多芬、莫扎特这些"音乐奇才"莫不是在练习时间累计超过10 000小时之后才开始绽放光芒的,而此前他们并未表现出太多与众不同之处。

任何技艺性活动都适合这一规律,当然包括语言表达的习得。

要达到技艺的精湛,以上内容只是一个必要条件。试想,如果那些小提琴技艺高超的优秀学生每天只是抱着小提琴舒适地坐在琴房,那么即便坐满了20 000小时,其技艺也不可能精进。

所以,另一个必要条件就是,让自己在正确路径之下进行刻苦练习。既然是刻苦练习,那么必然是超越了正常水平和负荷强度的练习,这个过程会让人不那么愉悦和舒适。这么说的意思是,如果只是每天简单地翻一翻这本书,然后三天打鱼两天晒网地读一读后面的练习,那么,这样的练习时间往往是无效的。而有效练习时间的标准是,当在练习达到一定强度之后,自己已经明显感觉到了枯燥和不耐烦，口齿唇舌以及喉部也已经显出疲态，也就是心理和生理上都感觉到了疲劳，这样的练习时间才是有效的。

这就好比，一个人想要减肥，却每天好吃好喝，虽然三不五时地跟随朋友散散步，回来一看，今天又走了一个多小时，但一个月下来，却发现体重并没有发生什么变化，这是因为他所积累的是无效的减肥时间。而只有当他忍着腹内空空，且气喘吁吁地在跑步机上挥汗如雨，跑完后身心俱疲，减肥这件事才会成为可能，因为在不舒适的过程中你所积累的时间才是真正有效的。

所以，想要舒舒服服地获得进步是不可能的。技艺的进步，道路只有一条：在科学的训练下，在非舒适区持久地练习。

如果拿到这本书的您真心希望提升自己的语言功力，那么就要在科学方法的指引下将10 000小时作为自己毕生追求的一个目标，然后进行扎实而有效的练习。

愿 365 天后，你会感谢 365 天中，每一天的自己。

第一章

诗歌（节选）朗读技巧分析

人性的光辉

相信未来

食　指

当蜘蛛网无情地查封了我的炉台，
当灰烬的余烟叹息着贫困的悲哀，
我依然固执地铺平失望的灰烬，
用美丽的雪花写下：相信未来。

当我的紫葡萄化为深秋的露水，
当我的鲜花依偎在别人的情怀，
我依然固执地用凝霜的枯藤，
在凄凉的大地上写下：相信未来。

我要用手指那涌向天边的排浪，
我要用手掌那托住太阳的大海，
摇曳着曙光那枝温暖漂亮的笔杆，
用孩子的笔体写下：相信未来。

我之所以坚定地相信未来，
是我相信未来人们的眼睛——
她有拨开历史风尘的睫毛，
她有看透岁月篇章的瞳孔。

不管人们对于我们腐烂的皮肉,
那些迷途的惆怅,失败的苦痛,
是寄予感动的热泪,深切的同情,
还是给以轻蔑的微笑,辛辣的嘲讽。

我坚信人们对于我们的脊骨,
那无数次地探索、迷途、失败和成功,
一定会给予热情、客观、公正的评定,
是的,我焦急地等待着他们的评定。

朋友,坚定地相信未来吧,
相信不屈不挠的努力,
相信战胜死亡的年轻,
相信未来,热爱生命。

备稿六步

1.背景

(1)作者背景

食指,出生于 1948 年,原名郭路生,因在行军路上出生,故得名“路生”,1975 年与李立三之女结婚;朦胧诗派代表人物、开创者。

(2)写作背景

1968 年正处于“文革”期间,许多思想活跃的青年都遭遇了不同程度的磨难,同时大批青年学生“上山下乡”,纷纷离开城市。

朦胧诗是新时期一个非常重要的文学流派,是“文革”后期一群自我意识开始觉醒的青年,利用诗歌的形式对现实进行反思和追求诗歌独立的审美价值的产物。朦胧派诗人是一群对光明世界有着强烈渴求的使者,他们善于通过一系列琐碎的意象来含蓄地表达对社会阴暗面的不满与鄙弃,开拓了现代意象诗的新天地、新空间。朦胧诗派诗人主要有以北岛、舒婷、顾城、食指、芒克为代表的一批青年诗人。

2.层次

第一层次:第1—3小节,写“我”是怎样“相信未来”的;

第二层次:第4—6小节,写为什么要“相信未来”;

第三层次:第7小节,呼唤人们带着对未来的信念去努力、去热爱、去生活。

3.主题

这首诗抒发了诗人在黑暗时代对光明未来的憧憬之情。

4.目的

这首诗意在鞭挞黑暗、赞美光明。

5.重点

第7小节。

6.基调

深沉,悲怆,坚定。

备稿贴士

这是中国朦胧诗派较早出现的一首诗歌，作者食指则是朦胧诗派的开创者。朦胧诗的涵义较为隐晦，需要我们对其内在隐喻有一个准确的理解。例如：第1小节中，“蜘蛛网”代表黑暗势力，“炉台”代表产生希望的地方，“灰烬的余烟”代表残余的希望，“美丽的雪花”代表希望的火花。第2小节中，“紫葡萄”代表希望的果实，“深秋的露水”代表失望的眼泪，“鲜花”代表收获的果实，“凝霜的枯藤”代表没有收获但孕育着的新希望。第4小节中，“腐烂的皮肉”代表创伤是表层的，困难是暂时的。第5小节中，“脊骨”代表能拯救中国命运的中国脊梁。

只有了解了这些意象，我们才能够理解这些文字背后的意蕴，我们的表达才能够更有深度、更精彩。这首诗歌更为感人之处在于，作者在那个特殊的历史年代写出这样的文字，不仅需要极好的文笔，更需要极大的勇气。人们会记住这样的作者和这样的文字，因为他所闪耀着的人本主义光辉将会永远激励后人。

朗读技巧

相信未来

当蜘蛛网/无情地查封了我的炉台o，
当灰烬的余烟/叹息着贫困的悲哀，
我依然固执地/铺平失望的灰烬^，

用美丽的雪花写下/:相信未来o。

当我的紫葡萄o/化为深秋的露水,
当我的鲜花/依偎在别人的情怀,
我依然固执地/用凝霜的枯藤^,
在凄凉的大地上写下/:相信未来。

我要用手指/那涌向天边的排浪,
我要用手掌/那托住太阳的大海,
摇曳着曙光/那枝温暖漂亮的笔杆^,
用孩子的笔体写下/:相信未来。//

我之所以坚定地相信未来^,
是我相信未来人们的眼睛——
她有拨开历史风尘的睫毛^,
她有看透岁月篇章的瞳孔,

不管人们对于我们腐烂的皮肉,
那些迷途的惆怅,^失败的苦痛,
是寄予感动的热泪,^深切的同情,
还是给以轻蔑的微笑,^辛辣的嘲讽o。

我坚信/人们对于我们的脊骨,
那无数次的探索、迷途、失败和成功^,
一定会给予/热情、客观、公正的评定,

是的,我焦急地等待着/他们的评定。//

朋友,坚定地相信未来吧,
相信不屈不挠的努力,
相信战胜死亡的年轻,
相信未来、热爱/生命。

“/”代表停顿与节奏放慢,“^”代表连接与节奏加快,“ . ”(着重点)代表重音,“o”代表用一些虚声,“//”代表层次划分。

郑老师领读

(打开微信扫描二维码收听)

郑老师的话

在上面的“朗读技巧”中,大家首先要熟悉这样一些符号的所指:“/”代表语言的停顿,“^”代表语言的连接,“ . ”代表语言当中重点的音,“o”代表在语气中多送气,用虚声进行表达,这是笔者所认为的在朗读一篇稿件时所要用到的必要而简略的符号。只有停顿、连接得当,重音清晰明确,声音虚实结合,才能将一篇稿件的内在情感表现出来。

在这篇《相信未来》的朗读稿件当中，除去上文所标记出来的朗读技巧外，大家更要注意文中几处“相信未来”在朗读时所应用到的不同语气，只有在不同语气的支配之下，我们的朗读才能够显得有变化、有层次。在处理第 7 小节——全文的制高点时，朗读者在语气上要更加强烈，这样才能将情感在此推向最高。

此外，在朗读这篇稿件时，有一处断句的处理是比较容易出现错误的，那就是第 3 小节“我要用手指那涌向天边的排浪，我要用手掌那托住太阳的大海”，该处皆在“手指”“手掌”之后断句才是作者的原意。

光阴的故事

我想和你虚度时光

李元胜

我想和你虚度时光，比如低头看鱼
比如把茶杯留在桌子上，离开
浪费它们好看的阴影
我还想连落日一起浪费，比如散步
一直消磨到星光满天
我还要浪费风起的时候
坐在走廊发呆，直到你眼中乌云
全部被吹到窗外
我已经虚度了世界，它经过我
疲倦，又像从未被爱过
但是明天我还要这样，虚度
满目的花草，生活应该像它们一样美好
一样无意义，像被虚度的电影
那些绝望的爱和赴死
为我们带来短暂的沉默
我想和你互相浪费
一起虚度短的沉默，长的无意义
一起消磨精致而苍老的宇宙
比如靠在栏杆上，低头看水的镜子

直到所有被虚度的事物
在我们身后,长出薄薄的翅膀

备稿六步

1.背景

(1)作者背景

李元胜,出生于 1963 年 8 月,四川人,鲁迅文学奖获得者,凭借《我想和你虚度时光》获得了"年度(2015)最具影响力华语诗人大奖"。《我想和你虚度时光》在互联网引发数千万次的点击与转发,同时被翻唱为歌曲。

(2)写作背景

这首诗创作于互联网科技快速发展、城市生活节奏飞快、物质生活飞速提升、精神生活相对滞后的互联网时代。

2.层次

第一层:1—8 行,描写虚度时光的方式;

第二层:9—15 行,描写虚度时光的缘由;

第三层:16—21 行,诗人想象虚度时光的美好情景。

3.主题

这首诗彰显的是诗人的生活态度和价值观。

4.目的

这首诗意在表达在快节奏的当代,精神追求的必要性与重要性。

5.重点

第三层次。

6.基调

深沉,和缓。

备稿贴士

这是一首新鲜出炉的当代诗歌,与之前的朦胧诗相比,这首诗在语言文字上并不晦涩,比较容易理解,所描写的细节并不空洞,所发表的感慨也不虚空。

在节奏飞快、物质生活水平显著提高的时代背景之下,人们所缺少的恰恰是精神生活。所以,"虚度时光"渐渐成为当下人们的一种生活态度。人们在追求幸福生活的过程中,开始会一味地陷于工作,甚至把全部的时间都进行精密计算,慢慢地,人们会发觉,奋斗之外的时光同样有价值,有些看似虚度的时光,才是生活的本来面目。所以,"虚度时光"作为一种生活态度被提出之后,引起了很多人的共鸣。

"虚度"和"浪费"原本都是贬义词,但是这两个贬义词在这首诗里恰恰是抒发美好情感的关键词。词语的使用与寻常不同,表达的意义也更引人深思。

朗读技巧

我想和你虚度时光

我想和你虚度时光,比如低头看鱼
比如把茶杯留在桌子上,离开o
浪费它们/好看的阴影
我还想连落日一起浪费,比如散步
一直消磨到/星光满天o
我还要浪费风起的时候
坐在走廊发呆,直到你眼中乌云
全部被吹到/窗外o//
我已经虚度了世界,它经过我
疲倦^o,又像从未被爱过
但是明天/我还要这样,虚度o
满目的花草,生活/应该像它们一样美好^
一样无意义,像被虚度的/电影o
那些绝望的爱和赴死
为我们带来短暂的沉默o//
我想和你互相浪费
一起虚度短的沉默,长的无意义
一起消磨精致而苍老的宇宙o
比如靠在栏杆上,低头看水的镜子
直到所有被虚度的事物^
在我们身后,长出薄薄的/翅膀o

“/”代表停顿与节奏放慢,“^”代表连接与节奏加快,“ . ”(着重点)代表重音,“o”代表用虚声,“//”代表层次划分。

郑老师领读

(打开微信扫描二维码收听)

郑老师的话

这首《我想和你虚度时光》在意境上很像当代的《雨巷》,诗歌从头至尾的静谧与美好,是我们在语气中要特别体现的,所以,对于这首诗歌的总体处理方式是要达到“虚声为主,虚实结合”的状态,总体的声音状态要多送一些气,以中低音为主进行播读,尽量避免过高、过实的音色出现而干扰整体的基调。

相对而言,类似“虚声为主”的弱控制会更加讲求基本功。相比慷慨激昂的基调,这首诗对朗读者在气息与吐字上的弱控制要求更高,气息上“弱而不衰”,吐字上“弱而清晰”,总体语流不能过于平直,而是要呈现细微的上下波动。整体意境的营造要一以贯之,不给人跳戏的感觉。

平等的爱情

致橡树

舒　婷

我如果爱你——
绝不像攀援的凌霄花，
借你的高枝炫耀自己；
我如果爱你——
绝不学痴情的鸟儿，
为绿荫重复单调的歌曲；
也不止像泉源，
常年送来清凉的慰藉；
也不止像险峰，
增加你的高度，
衬托你的威仪。
甚至日光，
甚至春雨。
不，这些都还不够！
我必须是你近旁的一株木棉，
作为树的形象和你站在一起。
根，紧握在地下，
叶，相触在云里。
每一阵风过，

我们都互相致意，
但没有人
听懂我们的言语。
你有你的铜枝铁杆，
像刀，像剑，也像戟；
我有我红硕的花朵，
像沉重的叹息，
又像英勇的火炬。
我们分担寒潮、风雷、霹雳，
我们共享雾霭、流岚、虹霓；
仿佛永远分离，
却又终身相依。
这才是伟大的爱情，
坚贞就在这里：
爱——
不仅爱你伟岸的身躯，
也爱你坚持的位置，足下的土地。

备稿六步

1.背景

(1)作者背景

舒婷，女，1952年出生于福建石码镇，长于厦门鼓浪屿；中国当代女诗人，朦胧诗派的代表人物；1969年下乡插队，1972年返城当工人，1979年开始发表诗歌作品，1980年进入福建省文联工作,从事专业写作。

作者笔名的由来:舒婷出生时,祖父循族谱——女性为“佩”字辈(男性为“书”字辈),为其起名为“龚佩瑜”。舒婷在上幼儿园时,妈妈觉得这个名字不谐音,于是为其改名为龚舒婷。《诗刊》刊用她的第一首诗《致橡树》时沿用“舒婷”一名,从此“舒婷”便成了她的笔名。

(2)写作背景

1975年,有位曾经在写作上给予舒婷很大帮助的归侨老诗人蔡其矫到鼓浪屿作客,那天晚上,舒婷陪他散步时,蔡其矫向她说起这辈子碰到的女孩。在20世纪70年代,公开谈喜欢女孩子是件大胆的事。蔡其矫说,他觉得找一个十全十美的女孩子很难,漂亮的女孩子,没有才气;有才气的女孩子,又不漂亮;又漂亮又有才气的女孩子,又很凶悍。舒婷说,当时她听了后很生气,觉得那是大男子主义思想,男性与女性应当是平等的,于是,当天晚上,她就写了首诗《橡树》交给蔡其矫,后来发表时,才改为《致橡树》。

2.层次

第一层:第1—14行,表达诗人对于女性作为附庸的传统男女关系的不满;

第二层:第15—27行,诗人对于在情感当中男女关系的期望与想象;

第三层:第28—36行,诗人表达对男女平等关系的认识和态度,认为双方应该相濡以沫、相敬如宾。

3.主题

诗人用橡树与木棉象征男女之间的爱情,呈现出其男女平等的爱情观。

4.目的

诗人创作这首诗意在驳斥蔡其矫先生的大男子主义爱情观,否定不平等的爱情观,呼吁在爱情中男女应该平等,和谐相处。

5.重点

第 3 小节。

6.基调

热烈,乐观,期待。

备稿贴士

这首朦胧诗《致橡树》是舒婷的代表作,在华人世界可谓脍炙人口。但是朦胧诗特有的属性使得朗读者如果不了解其背景,就很难将其应有的基调表现得恰切。许多人在朗读《致橡树》时,总是只将其作为一首普通的爱情诗进行表达,一味去歌颂爱情,这样在朗读基调上就容易南辕北辙。

而在了解了这首诗歌的背景之后,我们可以发现,这其实是一首“平权”色彩比较浓烈的诗歌,总体来看,诗人并非是写爱情,而是在写爱情中的“平等”。这样一来,整首诗就有了不同的意味。

朗读技巧

致橡树

我/如果爱你——
绝不学攀援的凌霄花，
借你的高枝炫耀自己；
我如果爱你——
绝不学痴情的鸟儿，
为绿荫/重复单调的歌曲；
也不止像泉源，
常年送来清凉的慰藉；
也不止像险峰，
增加你的高度，^
衬托你的/威仪。
甚至日光，
甚至春雨o。
不o，这些都还不够！//
我必须是你近旁的一株木棉，
作为树的形象和你站在一起。
根，^紧握在地下，
叶，^相触在云里。
每一阵风过^，
我们都互相致意，
但没有人
听懂我们的言语。

你有你的铜枝铁杆，
像刀^，像剑^，也像戟；
我有我红硕的花朵，
像沉重的叹息，^
又像英勇的火炬。//
我们分担寒潮^、风雷^、霹雳，
我们共享雾霭^、流岚^、虹霓；
仿佛永远分离，
却又终身相依。
这 o 才是伟大的爱情^，
坚贞就在这里：
爱 o——
不仅爱你伟岸的身躯^，
也爱你坚持的位置^，足下的/土地。

“/”代表停顿与节奏放慢，“^”代表连接与节奏加快，“ · ”(着重点)代表重音，“o”代表用虚声，“//”代表层次划分。

郑老师领读

(打开微信扫描二维码收听)

郑老师的话

在这篇文字中，朗读者同样有许多意向性的指称需要去理解，比如第1小节中的“凌霄花”“鸟儿”“泉源”“险峰”“日光”“春雨”等都是对女性在感情中不同形式附庸地位的描述，而对它们的否定，则表现出作者作为新时代女性的不妥协。朗读时，朗读者在语气的处理上要尽量显示出一种女性的高贵，但是语气切忌过于刻薄或严厉，而要体现出女性的从容与大度。

文中的“木棉”，代表一种与橡树平等的形象，它们在地位上平起平坐（“站在一起”），却相敬如宾（“互相致意”），它们互有优势（“铜枝铁干”“红硕的花朵”），所以能够同舟共济、相濡以沫（“分担……”“共享……”）。最后一句“足下的土地”，则象征男人的事业与理想。在清楚了这些意象之后，整首诗的意境与基调才能变得清晰，我们在表达的时候也才能有的放矢。在处理后两个层次时，语气上总体是层层递进的，逐渐热烈而舒展，这表现在对重音的处理上应铿锵而有力，在节奏的对比上应更加分明。

别样的表达

面朝大海,春暖花开

海　子

从明天起,做一个幸福的人
喂马,劈柴,周游世界
从明天起,关心粮食和蔬菜
我有一所房子,面朝大海,春暖花开

从明天起,和每一个亲人通信
告诉他们我的幸福
那幸福的闪电告诉我的
我将告诉每一个人

给每一条河每一座山取一个温暖的名字
陌生人,我也为你祝福
愿你有一个灿烂的前程
愿你有情人终成眷属
愿你在尘世获得幸福
我只愿面朝大海,春暖花开

备稿六步

1.背景

(1)作者背景

海子(1964 年 3 月 24 日—1989 年 3 月 26 日),原名查海生,在农村长大;1979 年 15 岁时考入北京大学法律系,大学期间开始诗歌创作;1983 年自北京大学毕业后分配至中国政法大学哲学教研室工作;后在山海关卧轨自杀,年仅 25 岁。

(2)写作背景

《面朝大海,春暖花开》是海子的抒情名篇,写于 1989 年 1 月 13 日,同年 3 月 26 日海子自杀。写作诗歌的 20 世纪 80 年代末,正值世界局势风谲云诡,国内情势也处于一个特殊的阶段。

2.层次

第一层:第 1 小节,描述“我”自己生活状态的改变;

第二层:第 2 小节,描述“我与亲人”之间关系的改变;

第三层:第 3 小节,描述“我与亲人”之间关系的改变。

3.主题

这首诗表现了诗人与世俗社会的格格不入。

4.目的

这首诗意在抒发诗人内心悲观的情绪。

5.重点

文中出现的两处“面朝大海,春暖花开”。

6.基调

深沉,悲切。

备稿贴士

海子的这首《面朝大海,春暖花开》是检验一位朗读者是否认真备稿的试金石。如果说前一篇《致橡树》在不了解背景的情况下朗读还只会造成基调偏离的话,那么这首《面朝大海,春暖花开》则会造成基调的背离——这首诗若被当作一首温暖、喜庆的诗歌来读,恰恰是对诗歌主旨的背离。

从背景分析当中我们会发现,海子在写完这首诗歌的两个月后卧轨自杀,那么从常理分析,两个月前的诗人也很难处于幸福的状态。

我们来分析文中字里行间的意象:“从明天起,做一个幸福的人”,说明今日的“我”恰恰是不幸福的;“关心粮食和蔬菜”,这些生活日常说明今日的“我”关心的更多的是精神世界;“幸福的闪电”恰恰说明幸福的转瞬即逝,黑暗的长久相随。愿陌生人在“尘世”获得幸福,反衬出“我”在尘世获得幸福很艰难。而首尾呼应的这句“面朝大海,春暖花开”,对于诗人来说,恰恰是一种奢望,它更多可能存在于天国。著名配音艺术家李立宏老师认为,这“面朝大海,春暖花开”的,应当是一块墓碑,笔者也深以为然。

对于这首诗歌,不同的鉴赏家有着不同的注解,时过境迁,物是人非,我们很难还原当时的真实情境,但是朗读者在进行朗读创作时,应结合客观事实进行合理推敲,这首诗无论如何都不该是欢喜的基调,而更多是一份阴郁与深沉。

朗读技巧

面朝大海，春暖花开

从明天起，做一个幸福的人
喂马，劈柴，周游世界
从明天起，关心粮食和蔬菜
我有一所房子o，面朝大海，春暖花开//

从明天起o，和每一个亲人通信
告诉他们/我的幸福
那幸福的闪电告诉我的^
我将告诉/每一个人//

给每一条河每一座山/取一个温暖的名字o
陌生人，我也为你祝福
愿你有一个灿烂的前程^
愿你有情人终成眷属^
愿你在尘世/获得幸福
我只愿/面朝大海，春暖/花开

“/”代表停顿与节奏放慢，“^”代表连接与节奏加快，“ . ”（着重点）代表重音，“o”代表用虚声，“//”代表层次划分。

郑老师领读

(打开微信扫描二维码收听)

郑老师的话

对于这首《面朝大海,春暖花开》的朗读,朗读者首先要布局的是一前一后的两句“面朝大海,春暖花开”,这是全文的点睛之笔、文眼所在,也是文中的两处高潮。两句的相同之处就是,朗读者在处理时,要尽量将节奏放慢,将字与字之间的距离拉开,做到声断气不断;不同之处在于,后一句的音高要更高,音强要更强,以显示一种发自内心的呐喊。第 3 小节的三个“愿你”,在节奏上要以连为主,要表现出一种层层加强的语气,而在“尘世”处有一个小的停顿,以显示一种节奏的变化。请大家收听范读并且跟读。

卑鄙是卑鄙者的通行证

回 答

北 岛

卑鄙是卑鄙者的通行证，
高尚是高尚者的墓志铭。
看吧，在那镀金的天空中，
飘满了死者弯曲的倒影。

冰川纪过去了，
为什么到处是冰凌？
好望角发现了，
为什么死海里千帆相竞？

我来到这个世界上，
只带着纸、绳索和身影，
为了在审判之前，
宣读那被判决了的声音：

告诉你吧，世界，
我——不——相——信！
纵使你脚下有一千名挑战者，
那就把我算作第一千零一名。

我不相信天是蓝的；
我不相信雷的回声；
我不相信梦是假的；
我不相信死无报应。

如果海洋注定要决堤，
就让所有的苦水都注入我心中；
如果陆地注定要上升，
就让人类重新选择生存的峰顶。

新的转机和闪闪的星斗，
正在缀满没有遮拦的天空，
那是五千年的象形文字，
那是未来人们凝视的眼睛。

备稿六步

1.背景

(1)作者背景

北岛，原名赵振开，出生于1949年8月2日，“北岛”是诗人芒克给他取的笔名，也是他影响最为广泛的笔名。北岛出生于北京，祖籍浙江湖州，是中国当代诗人，是朦胧诗派代表人物之一，是民间诗歌刊物《今天》的创办者。

(2)写作背景

《回答》创作于1976年清明前后，当时恰逢“文革”末期；首次刊登于《今天》,后作为第一首公开发表的朦胧诗刊载于《诗刊》1979 年第 3 期。诗人当时进行着地下诗歌创作,和一些朋友一起自费编辑出版了诗刊《今天》。

2.层次

第一层:第 1—2 小节,表现出“文革”末期肃杀的社会现状;

第二层:第 3—6 小节,表达出年轻人对于黑暗社会的反抗;

第三层:第 7 小节,表现出诗人对于未来的憧憬。

3.主题

本诗表达的是诗人对“文革”的批判和对未来的乐观态度。

4.目的

本诗是应年轻人对改变现状的强烈诉求而作。

5.重点

第 7 小节。

6.基调

悲怆。

备稿贴士

《回答》是朦胧诗的代表。朦胧诗是 20 世纪七八十年代的年轻人以笔为刀,与社会黑暗相斗争的一种重要的文学体裁。朦胧诗一直以其晦涩而被诟病,这首《回答》恰恰因为其不那么晦涩而流行。“卑鄙是卑鄙者的通行证,高尚是高尚者的墓志铭”成为许多人的座右铭。

这首诗之所以流传甚广,一方面是因为其精彩的诗句,另一方面还因为其使用新奇的联想与复合的意向勇敢地对当时黑暗的社会现实进行鞭挞,对未来进行大胆地展望,表现出了诗人对于改变社会现状强烈的呼吁。在那个年代,这样的诗句无异于大逆不道的檄文,也正是因为这份对于黑暗抗争与不妥协的勇气,使得其会一直在中国文学史上闪耀着人本主义的光辉。

朗读技巧

回　答

卑鄙/是卑鄙者的通行证,
高尚/是高尚者的墓志铭。
看吧,在那镀金的天空中,
飘满了死者弯曲的倒影。

冰川纪过去了,
为什么到处是冰凌?
好望角发现了^,
为什么死海里/千帆相竞?//

我来到这个世界上^,
只带着纸、绳索和身影,
为了在审判之前,
宣读那被判决了的声音:

告诉你吧，世界，
我——不——相——信！
纵使你脚下有一千名挑战者^，
那就把我算作第一千零一名。

我不相信天是蓝的；
我不相信雷的回声；
我不相信梦是假的^；
我不相信/死无报应。

如果海洋注定要决堤，
就让所有的苦水都注入我心中；
如果陆地注定要上升^，
就让人类重新选择/生存的峰顶。//

新的转机和闪闪的星斗，
正在缀满没有遮拦的天空，
那是五千年的象形文字^，
那是未来人们/凝视的眼睛。

“/”代表停顿与节奏放慢，“^”代表连接与节奏加快，“ . ”（着重点）代表重音，“o”代表用虚声，“//”代表层次划分。

郑老师领读

(打开微信扫描二维码收听)

郑老师的话

这首《回答》当中的意向颇为丰富,需要朗读者在朗读之前进行解读,否则根本无法领会作者的真正意图。

第一层:在第1小节中,最为著名的这句“卑鄙是卑鄙者的通行证,高尚是高尚者的墓志铭”首先点出了“文革”的罪恶及人性的扭曲,“镀金的天空”象征着各种混乱的意识形态思想所营造出的乌托邦社会,“死者的倒影”则描写了那个年代虚幻思想之下饿殍遍野的现实;第2小节当中冰川纪过后的“冰凌”,表现出“文革”已近末期,但是社会上仍旧一片死气,而且缺乏变化的勇气,“死海里千帆相竞”则点出了当时社会的人心险恶、世态炎凉。

第二层:在第3小节中,“纸”代表宣言书,“绳索”代表武器,“身影”代表灵魂;第4小节中的“一千零一名挑战者”则亮明了作者挑战社会的姿态;第5小节中的几个“不相信”,其中,

“不相信天是蓝的”，代表不再相信空洞的社会理想，“不相信雷的回声”，代表不相信统治者的谎言，“不相信梦是假的”，双重否定等于肯定，诗人坚定自己的信念，“不相信死无报应”，则代表坚信正义终将战胜邪恶；第6小节中的“决堤”“苦水”以及“注入我心中”，象征诗人所代表的有理想的年轻人愿意为社会变革承担责任、付出代价，表达出诗人广阔的胸襟，而“生存的峰顶”则象征诗人相信未来将会出现天翻地覆的美好变化；最后一个小节，“新的转机”与“闪闪的星斗”象征转折的前夜，“五千年的象形文字”与“未来人们的眼睛”象征过去与未来的中国人都在凝望着这翻天覆地的变革。

这首《回答》非常适合舞台朗诵，总体以实声为主。在对上述意象进行重音处理时，朗读者的吐字要强有力，而且要展现出悲愤的语气，在最后则展现出一份乐观的态度。每一个小的段落在节奏上都会有较为清晰的快慢交错，请大家注意每一段当中“^”的符号位置，语流行进到此，往往要连而不停，节奏要比之前稍快。

雨中的柔情

雨　巷

戴望舒

撑着油纸伞,独自
彷徨在悠长,悠长
又寂寥的雨巷,
我希望逢着
一个丁香一样地
结着愁怨的姑娘。

她是有
丁香一样的颜色,
丁香一样的芬芳,
丁香一样的忧愁,
在雨中哀怨,
哀怨又彷徨;

她彷徨在这寂寥的雨巷
撑着油纸伞
像我一样,
像我一样地
默默彳亍着

冷漠，凄清，又惆怅。

她默默地走近
走近，又投出
太息一般的眼光，
她飘过
像梦一般地，
像梦一般地凄婉迷茫。

像梦中飘过
一枝丁香地，
我身旁飘过这女郎；
她静默地远了，远了，
到了颓圮的篱墙，
走尽这雨巷。

在雨的哀曲里，
消了她的颜色，
散了她的芬芳，
消散了，甚至她的
太息般的眼光，
丁香般的惆怅。

撑着油纸伞，独自
彷徨在悠长，悠长

又寂寥的雨巷,
我希望飘过
一个丁香一样地
结着愁怨的姑娘。

备稿六步

1.背景

(1)作者背景

戴望舒(1905 年 11 月 15 日—1950 年 2 月 28 日),男,原名戴承,字朝安,浙江杭州人。戴望舒身形高大,但面目黝黑,面部有斑点。《雨巷》为戴望舒的代表作,所以其又被称为“雨巷诗人”。戴望舒一生有三段无疾而终的感情,《雨巷》便是诗人为其中的一位恋人所作。

(2)写作背景

《雨巷》写于 1927 年夏天,诗人为逃避白色恐怖而隐居在当时江苏松江的朋友家中。这位朋友的名字叫施蛰存,他有一位叫作施绛年的妹妹,戴望舒对施绛年一见倾心。但是因为戴望舒自身相貌的不足,施绛年始终与其若即若离,这使得诗人内心非常惆怅,而后写就《我的恋人》《雨巷》等一系列作品。

2.层次

第一层:第 1 小节,诗人由现实的小巷进入想象的雨巷;

第二层:第 2、3 小节,诗人想象雨巷姑娘出现;

第三层:第 4、5 小节,诗人想象与雨巷姑娘擦肩而过;

第四层:第 6 小节,诗人的想象彻底破灭。

第五层:第 7 小节,描写诗人对雨巷姑娘的无比怀念与向往。

3.主题

整首诗表现的是诗人在恋爱中的失意与苦闷。

4.目的

这首诗意在抒发诗人自己内心无比的惆怅。

5.重点

第 6 小节。

6.基调

惆怅,哀怨。

备稿贴士

《雨巷》这首诗在中国文学史上有着重要的地位,它也是华人社会耳熟能详的一首现代诗歌。这里有几个文学常识需要大家注意:第一,“戴望舒”虽然是一个非常女性化的名字,但他确实是一位男性诗人,并非女性,也切勿将其与舒婷混淆。第二,这首意境非常朦胧的诗歌,固然有很强的象征色彩,但切勿张冠李戴,如果我们将这样的诗歌赋予过于意识形态化的理解,将其与社会议题相结合,则会阻碍我们对于这首诗歌的创作。朗读者要清楚,它是一首男女之间在情感纠葛过程中写就的情诗,仅此而已。之所以用“丁香”去形容这位姑娘,是因为在中国古代社会,丁香一直被看作象征高洁、美好的花朵,是古代文人非常爱用的一种喻体。这首《雨巷》由现实到想象,有着极高的审美意境。

朗读技巧

雨　巷

撑着油纸伞,独自
彷徨在/悠长,悠长
又寂寥的雨巷,
我希望逢着
一个丁香一样地^
结着愁怨的/姑娘。//

她是有
丁香一样的颜色,
丁香一样的芬芳^,
丁香一样的/忧愁,
在雨中哀怨,
哀怨又彷徨 o;

她彷徨在这寂寥的雨巷
撑着油纸伞
像我一样,^
像我一样地

默默彳亍着
冷漠，凄清，又惆怅o。//

她默默地走近
走近o，又投出
太息o一般的眼光，
她飘过
像梦一般地^，
像梦一般地凄婉迷茫。

像梦中飘过^
一枝丁香地，
我身旁飘过这女郎；
她静默地远了，远了o，
到了颓圮的篱墙，
走尽/这雨巷。//

在雨的哀曲里，
消了她的颜色^，
散了她的芬芳^，
消散了^，甚至她的
太息般的眼光^，
丁香般的/惆怅o。//

撑着油纸伞，独自

彷徨在悠长,悠长
又寂寥的雨巷,
我希望飘过
一个丁香一样地
结着愁怨的/姑娘。

“/”代表停顿与节奏放慢,“^”代表连接与节奏加快,“ · ”(着重点)代表重音,“o”代表用虚声,“//”代表层次划分。

郑老师领读

(打开微信扫描二维码收听)

郑老师的话

这首《雨巷》的意境非常唯美,需要朗读者在朗读前先有画面感代入,然后才能在声音上进行塑造。整首诗特别要注意加入“虚声”的表现手法,不断的虚实结合才能营造出作者所想象的那种雨巷情景,才能营造出丁香姑娘的纯美形象。比如“她默默地走近、走近”,第二处“走近”用虚声来读,能够将即将与丁香姑娘碰面的心理活动很好展现。“又投出太息一般的眼光”,“太息”二字用虚声处理,可以将丁香姑娘动人的气质进行很好展现。

在吐字方面,这首诗也非常检验朗读者的基本功,字腹的拉开,是达到之前所说的若梦若幻境界的一种技术手段。比如“悠长、悠长”,只有将字腹相对拉开,才会有空间感,如果仅仅因循念字,则不可能出现梦幻的意境。

文中第 6 小节,为了与之前的慢节奏相区别,使声音有变化,此段整体节奏要加快,这时候要用到的技巧就是“多连少停”。特别要说明的是,作者在文中的标点符号并不能完全取代朗读者自身的停顿,朗读者的停顿要以自身生理停顿与文章的心理顿歇为参考,尤其是后者。

朗读者还要特别注意段与段之间的停顿,要敢于停顿,不要着急读下一句,要知道“此时无声胜有声”,“留白”同样是语言表达中一种重要的方式。当然,此处的“留白”并非机械停顿,而是内心情感的流淌所致,所以一定要“以情带声”,才能真正“因情而停”。

新月派的代表

再别康桥

徐志摩

轻轻的我走了，
正如我轻轻的来；
我轻轻的招手，
作别西天的云彩。

那河畔的金柳，
是夕阳中的新娘；
波光里的艳影，
在我的心头荡漾。

软泥上的青荇，
油油的在水底招摇；
在康河的柔波里，
我甘心做一条水草！

那榆荫下的一潭，
不是清泉，是天上虹；
揉碎在浮藻间，
沉淀着彩虹似的梦。

寻梦？撑一支长篙，
向青草更青处漫溯；
满载一船星辉，
在星辉斑斓里放歌。

但我不能放歌，
悄悄是别离的笙箫；
夏虫也为我沉默，
沉默是今晚的康桥！

悄悄的我走了，
正如我悄悄的来；
我挥一挥衣袖，
不带走一片云彩。

备稿六步

1.背景

(1)作者背景

徐志摩(1897年1月15日—1931年11月19日)，原名章垿，留学英国时改名“志摩”；籍贯浙江，诗人、散文家，新月诗派代表人物，1931年因飞机失事罹难，一生与张幼仪、林徽因、陆小曼有着情感的交集。

(2)写作背景

这首诗写于1928年11月6日徐志摩从英国返回中国的轮

船上。在此之前,他故地重游,时隔6年之后重新回到让其魂牵梦绕的母校——剑桥大学。

2.层次

第一层:第1小节,描写诗人来到康桥;

第二层:第2—4小节,描写诗人在康桥的所见所闻;

第三层:第5、6小节,描写诗人在康桥的所思所想;

第四层:第7小节,描写诗人离开康桥。

3.主题

本诗表现的是诗人对于逝去的美好时光的怀念。

4.目的

本诗意在抒发诗人内心的惆怅与依依惜别之情。

5.重点

第5小节。

6.基调

惆怅,感伤。

备稿贴士

朗读者首先要了解的是,康桥并非一座"桥",它在今天更为人所知的一个翻译是"剑桥",即著名的剑桥大学。徐志摩在1920—1922年曾在剑桥学习,这里对他的一生有着重要的影响。徐志摩自己也说:"我的眼是康桥教我睁的,我的求知欲是康桥给我拨动的,我的自我意识是康桥给我胚胎的。"由此可见"康桥"二字在徐志摩心目中的分量。

这首《再别康桥》要表达的就是诗人故地重游的内心情感。看得出来，徐志摩回到曾留下无限美好的母校，回忆起过去的林林总总，心情是复杂的，既有回归的喜悦，又有离去的不舍，更多的是对于过去美好时光一去不复返的惆怅。只有了解了这份复杂的情感，朗读者才能够理解这篇稿件的写作目的，而不至于空洞地去见字出声。

这是一篇非常经典的稿件，表达难度不小，年轻的朗读者在朗读之前请务必做好备稿工作。

朗读技巧

再别康桥

轻轻的 o/我走了 o，
正如我/轻轻的来；
我轻轻的招手，
作别西天的云彩 o。//

那河畔的金柳，
是夕阳中的新娘；
波光里的艳影，
在我的心头/荡漾 o。

软泥上的青荇，
油油的/在水底招摇；

在康河的柔波里，
我甘心做一条/水草o!

那榆荫下的一潭，
不是清泉^,是天上虹；
揉碎在浮藻间，
沉淀着/彩虹似的梦o。//

寻梦o? 撑一支长篙，
向青草更青处/漫溯o;
满载一船星辉，
在星辉斑斓里/放歌o。

但我不能放歌，
悄悄是别离的笙箫；
夏虫也为我沉默，
沉默/是今晚的/康桥o！//

悄悄的/我走了o,
正如我/悄悄的来；
我挥一挥衣袖，
不带走一片/云彩o。

“/”代表停顿与节奏放慢,“^”代表连接与节奏加快,“ . ”(着重点)代表重音,“o”代表用虚声,“//”代表层次划分。

郑老师领读

（打开微信扫描二维码收听）

郑老师的话

朗读这样经典的文字，朗读者切勿见字出声，而是要在充分理解之后，结合当下，代入自己的独特感受。比如笔者在朗读这首《再别康桥》之前，就会借用自己人生阅历中的“故地重游”，充分去体会那种魂牵梦绕的感觉。这样，朗读者才能将经典常读常新，不同的朗读者才能够读出不同的风格和特色，不至于千篇一律。

朗读者在朗读《再别康桥》时，要保持一种较为低沉的声音状态，做到虚实声结合，总体节奏要较为缓慢。第1小节第1句即以低沉婉约的语调开篇，朗读者在朗读时要体现出画面感，让听者跟随声音进入康桥。第2、3小节中的两个词——“金柳”和“青荇”，分别在河的上面和下面，都在描写康桥的美景，朗读者要加入更多的虚声，这样才能有一种强烈的抒情感，才能够渐渐营造出一种幻境,为后面的梦境做准备。第4小节,诗人的目光转移到了榆荫底下的一汪清泉,并由此转移到了梦境当中,这是承上启下的一个小节,朗读者的声音在这段最后一句要达到一种极度轻柔、和缓的状态。第5小节是全文的制高点,朗读者的语气要达到最强烈,最后一句的"放歌"二字应用虚声,并且上扬,充满惆怅之情。在第5小节读完之后,朗读者一定记得不要马上读第6小节,因为制高点刚刚结束,一定要"留白"以给听者共鸣的时间,所以这里要有一个小的停顿,停顿并非机械无聊地等待,而是就着刚才强烈的情感,做一个惯性的深呼吸。短暂停顿之后,第6小节的情感较上一小节应更为低落、低沉、和缓。每篇文章的情感制高点只有一处,所以在此之前或之后的文字,情感拿捏都不能超过制高点的情感强度。最后一小节,朗读者需延续第5小节的情绪,做最终的收尾。

这首《再别康桥》,朗读者在不同的场合进行表达的时候可以用到不同的表达方式,如笔者在录音间录制的时候用的是上述的表达方式,而在国家大剧院舞台演出的时候,用的则是更为上扬、热烈的表达方式。朗读者要想做到语无定式、自如切换、恰切表达,就需要读更多的经典,积累更多的表达经验。

新月体的典范

雪花的快乐

徐志摩

假如我是一朵雪花，
翩翩的在半空里潇洒，
我一定认清我的方向——
飞飏，飞飏，飞飏——
这地面上有我的方向。

不去那冷寞的幽谷，
不去那凄清的山麓，
也不上荒街去惆怅——
飞飏，飞飏，飞飏——
你看，我有我的方向！

在半空里娟娟的飞舞，
认明了那清幽的住处，
等着她来花园里探望——
飞飏，飞飏，飞飏——
啊，她身上有朱砂梅的清香！

那时我凭借我的身轻，

盈盈的，沾住了她的衣襟，

贴近她柔波似的心胸——

消溶，消溶，消溶——

溶入了她柔波似的心胸！

备稿六步

1.背景

(1)作者背景

徐志摩(1897 年 1 月 15 日—1931 年 11 月 19 日)，原名章垿，留学英国时改名"志摩"；籍贯浙江，诗人、散文家，新月诗派代表人物，1931 年因飞机失事罹难，一生与张幼仪、林徽因、陆小曼有着情感的交集。

(2)写作背景

这首诗写于 1924 年 12 月，是徐志摩第一本诗集《志摩的诗》的首篇。

2.层次

第一层：第 1 小节，描写雪花在飞舞中寻觅的状态；

第二层：第 2、3 小节，描写雪花寻找自己爱人的过程；

第三层：第 4 小节，描写雪花在爱人的身上融化。

3.主题

本诗彰显的是诗人对于爱情的向往。

4.目的

本诗意在表达作者挣脱封建礼教、自由追求自己爱情的理念。

5.重点

第 4 小节。

6.基调

欢快,坚定。

备稿贴士

在朗读这首诗之前,朗读者要了解一个重要的诗歌流派,即“新月派”。“新月派”来自印度诗人泰戈尔的诗集《新月集》,由于受泰戈尔诗歌风格的影响较深,故命名为“新月派”,徐志摩是新月派代表人物。新月派讲究音乐美(音节之间的韵律和谐)、绘画美(辞藻优美、高雅)、建筑美(节与节之间、句与句之间都讲究对仗、工整)。正因为有这些讲究,以徐志摩、林徽因为代表的大多新月派作品都符合这“三美”,所以新月派又被称为“新格律诗派”。

这首诗通篇运用象征的修辞手法:雪花外形纯洁无瑕,象征爱情的纯粹;雪花可以四处飘洒,象征爱情的自由;雪花飘落之后随即融化,象征爱情的无私。所以,此诗主要用“雪花”这一意象来表现诗人对于自由恋爱的向往和追求。

朗读技巧

雪花的快乐

假如o/我是一朵雪花,
翩翩的/ 在半空里潇洒o,
我一定认清我的方向——
飞飏,飞飏,飞飏o——
这地面上/有我的方向o。//

不去那冷寞的幽谷^,
不去那凄清的山麓,
也不上荒街/去惆怅o——
飞飏,飞飏^,飞飏——
你看,我有我的/方向o!

在半空里娟娟的飞舞,
认明了那清幽的住处,
等着她/来花园里探望——
飞飏,飞飏,飞飏o——
啊o,她身上有朱砂梅的清香! //

那时/我凭借我的身轻,
盈盈的,沾住了她的衣襟,

贴近她柔波似的心胸——
消溶，消溶，消溶 o——
溶入了她/柔波似的/心胸！

“/”代表停顿与节奏放慢，“ˆ”代表连接与节奏加快，“ . ”（着重点）代表重音，“o”代表用虚声，“//”代表层次划分。

郑老师领读

（打开微信扫描二维码收听）

郑老师的话

“诗的灵魂是音乐”，新月派诗歌的一大特点就是韵律优美，充满音乐性，所以朗读者在朗读此诗时，要根据每个层次的涵义，在节奏铿锵、韵律和谐中将情感层层推进。那么，朗读者首先要分析，这首诗的音乐性主要体现在哪些地方——第 1 小节每句的最后一个字基本上属于开口呼，第 2 小节每句的最后一个字基本属于合口呼，第 3 小节每句的最后一个字属于合口呼，第 4 小节每句的最后一个字基本属于齐齿呼。由开口呼到合口呼，再到齐齿呼，这一逐渐转变，主要体现的是情感基调由欢快滑向柔情的过程。

此诗中的每个小节都会有回环往复的叠韵去体现音乐性，所以，朗读者不仅要将音乐性读出，还要注意如何去处理其中叠韵的部分。比如前3小节出现的“飞飏，飞飏，飞飏”，以及第4小节的“消溶、消溶、消溶”，很容易读成顺口溜，而体现不出其本该有的意境。单看4个小节中分别出现的这4个叠句，朗读者应从宏观的情感上来把握：第1小节的3个“飞飏”总体语势处于中间状态，第2小节的3个“飞飏”较第1小节稍高，第3小节的3个“飞飏”较之前两个小节降低，第4小节的3个“消溶”升到最高，这样从宏观上来看，4处叠韵就有所不同了。根据情感的层层递进，朗读者要读出这样的细微变化，才能够让全篇稿件最终精彩呈现。

朗读者学会这样处理句子的方式，在处理类似问题的时候就可以举一反三，读出变化。

且听风吟

我不知道风——

徐志摩

我不知道风
是在哪一个方向吹——
我是在梦中,
在梦的轻波里依洄。

我不知道风
是在哪一个方向吹——
我是在梦中,
她的温存,我的迷醉。

我不知道风
是在哪一个方向吹——
我是在梦中,
甜美是梦里的光辉。

我不知道风
是在哪一个方向吹——
我是在梦中,
她的负心,我的伤悲。

我不知道风
是在哪一个方向吹——
我是在梦中，
在梦的悲哀里心碎！

我不知道风
是在哪一个方向吹——
我是在梦中，
黯淡是梦里的光辉。

备稿六步

1.背景

(1)作者背景

徐志摩(1897 年 1 月 15 日—1931 年 11 月 19 日)，原名章垿，留学英国时改名“志摩”；籍贯浙江，诗人、散文家，新月诗派代表人物，1931 年因飞机失事罹难，一生与张幼仪、林徽因、陆小曼有着情感的交集。

(2)写作背景

1927 年春，新月社一些成员由于政治形势的变化及其他种种原因，纷纷聚集到上海，创办了新月书店。1928 年 3 月，徐志摩一边在光华大学、东吴大学、大夏大学等校担任教学工作，一边创办《新月》月刊。这首诗歌便初载于 1928 年 3 月 10 日《新月》月刊的第 1 卷第 1 号。

2.层次

第一层:第1—3小节,表达诗人在甜美的梦中沉醉;

第二层:第4—6小节,表达诗人在暗淡的梦中沉溺。

3.主题

本诗表达了诗人情感的失落。

4.目的

本诗意在抒发诗人内心的悲哀和彷徨无助的情感。

5.重点

第6小节。

6.基调

忧伤,惆怅。

备稿贴士

这是一首典型的新月体诗歌,全诗在韵律、措辞、行文上都非常规整,完全符合新月诗“三美”的特点。诗歌以“我是在梦中”作为全诗的中心意象,采用了委婉曲折的表达方式,用一种非现实的意象来暗示自己游离于现实的心理活动。前3小节描写作者沉溺于甜美的梦境,后3小节描写转而沉溺于黯淡的梦境,象征作者生活中情感的转折与失落。每小节前3句相同,具有极强的旋律感与音乐美。

这首诗歌有两种解读:第一种,这首诗抒发的是作者在生活当中个人情感的失意;第二种,这首诗抒发的是作者因为革命理想的破灭而产生的消极情绪。笔者倾向于前一种解读。正如戴望舒的《雨巷》,也有很多评论家把它的思想境界提升得很高,但是结合历史背景,《雨巷》就是一首戴望舒写给自己所钟情的姑娘的情诗。朗读者在理解稿件的时候,应当结合现实和自身感受去洞悉人性,不能为了宏大的意义而牵强附会,这样不仅不利于解读稿件,而且不利于朗读者有感情地进行朗读。所以,朗读者将这首诗理解为诗人与某人的情感纠葛会更为恰切。

朗读技巧

我不知道风——

我不知道风
是在哪一个方向吹——
我是在梦中o,
在梦的轻波里/依洄o。

我不知道风
是在哪一个方向吹——
我是在梦中,
她的温存,我的/迷醉o。

我不知道风^
是在哪一个方向吹——
我是在梦中^,
甜美是梦里的光辉^。//

我不知道风^
是在哪一个方向吹^——
我是在梦中，
她的负心，/我的/伤悲o。

我不知道风
是在哪一个方向吹——
我是在梦中，
在梦的悲哀里/心碎o！

我不知道风o
是在哪一个方向吹——
我是在梦中，
黯淡/是梦里的/光辉o。

“/”代表停顿与节奏放慢，“^”代表连接与节奏加快，“ . ”（着重点）代表重音，“o”代表用虚声，“//”代表层次划分。

郑老师领读

（打开微信扫描二维码收听）

郑老师的话

这首诗有6个小节,每小节的前3句是一样的,每小节只有最后一句是不同的。朗读者在朗读时一定要有丰富的变化,否则这种本有“三美”的新月体诗歌,就会非常不美。对仗的工整与一致在文字上会呈现出视觉上的美感,但是声音的呈现恰恰是要打破这样的一致,而尽量表现出不同的层次。

诗歌的前3小节总的基调是“喜”:第1小节弱起,总体语感是轻柔的,用虚实结合的声音进行呈现,每句之间有一个小的停顿,连接不需要过于紧密。第2小节的基本节奏与第1小节相似,首句的音高要比第1小节略低。第3小节内部连多于停。而3、4小节同样以连接为主,两小节的节奏要较快,也预示着情感的急转直下。第5、6小节又恢复到第1、2小节那样较慢的节奏。这就是语言表达的基本规律:快中有慢,慢中有快,快后即慢,慢后即快。第6小节的最后一句是全文的制高点,朗读者要突出本句重音,在“光辉”一词之前停顿,让人感觉到休止符,感觉到全文到此结束,从而给人意犹未尽之感。

新月体诗歌是初学者练习语言表达基本功非常好的材料,停连、重音、语气、节奏四个外部技巧的运用在此能够得到非常丰富的呈现。

两种基调的表达

你是人间的四月天

林徽因

我说你是人间的四月天，
笑响点亮了四面风，轻灵
在春的光艳中交舞着变。

你是四月早天里的云烟，
黄昏吹着风的软，星子在
无意中闪，细雨点洒在花前。

那轻，那娉婷，你是，鲜妍
百花的冠冕你戴着，你是
天真，庄严，你是夜夜的月圆。

雪化后那片鹅黄，你像；新鲜
初放芽的绿，你是；柔嫩喜悦
水光浮动着你梦期待中白莲。

你是一树一树的花开，是燕
在梁间呢喃，——你是爱，是暖，
是希望，你是人间的四月天！

备稿六步

1.背景

(1)作者背景

林徽因(1904年6月10日—1955年4月1日),新月派诗歌代表人物,中国第一位女性建筑学家,同时也被胡适誉为“中国一代才女”。林徽因出生于浙江杭州的一个知识分子家庭,父亲林长民早年留学日本,是新派人物;1916年入北京培华女子中学;1920年4月至9月,随父林长民赴欧洲游历伦敦、巴黎、日内瓦、罗马、法兰克福、柏林、布鲁塞尔等地,同年入伦敦圣玛利女校学习,其时与在英国上学的徐志摩相遇;1921年回国,复入北京培华女中读书;1923年参加新月社活动。

(2)写作背景

挚友徐志摩于1931年11月罹难,儿子梁从诫于1932年8月出生,这首诗发表在1934年4月的《学文》第1卷第1期上。这样的时间背景,使得这首诗“为谁而写”一直为后人猜测。

2.层次

第一层:第1小节,将所爱的人与四月春光做比较;

第二层:第2—4小节,描写四月天里的种种美好景象,用以赞美所爱之人;

第三层:第5小节,是对所爱之人无尽的赞美。

3.主题

这首诗一方面是为新生命而欢歌,另一方面是为亡友而悲歌。

4.目的

诗人通过这首诗意在表达内心对于新生儿子的无比热爱,或者也表达对徐志摩的追思之情。

5.重点

第5小节。

6.基调

(1)喜悦,期待;(2)深沉,思念。

备稿贴士

关于这首诗究竟为谁而作,有两种说法:一是为悼念徐志摩而作,一是为儿子的出生而作,以表达儿子的出生带来的喜悦及诗人对儿子的希望。梁从诫先生在《倏忽人间四月天》中说:“父亲曾告诉我,《你是人间的四月天》是母亲在我出生后的喜悦中为我而作的,但母亲自己从未对我说起过这件事。”而根据后代的文史专家考证,此诗当中大量的意向与措辞都与徐志摩之前的作品相呼应。故朗读者不妨用两种思路去理解这首诗的创作意图。如果是写给徐志摩的,那么其基调就应当是深沉的,如果是写给梁从诫的,那么其基调就应当是欢快的。在练习这首诗的时候,朗读者可以通过这两种基调的切换去训练自己的表达能力。

朗读技巧

你是人间的四月天

我说你是/人间的/四月天，
笑响/点亮了四面风，轻灵/
在春的光艳中/交舞着变o。//

你是四月早天里的云烟，
黄昏/吹着风的软，星子/在
无意中闪，细雨/点洒在花前o。

那轻，那娉婷，/你是，鲜妍
百花的冠冕/你戴着，你是
天真，庄严，你是夜夜的月圆。

雪化后/那片鹅黄，你像；/新鲜
初放芽的绿，/你是；柔嫩喜悦/
水光浮动着你/梦期待中/白莲。//

你是一树一树的花开，^是燕/
在梁间呢喃，——你是爱，^是暖，^
是希望，你是人间的/四月天！

“/”代表停顿与节奏放慢，“ˆ”代表连接与节奏加快，“ . ”(着重点)代表重音，“o”代表用虚声，“//”代表层次划分。

郑老师领读

(欢快版)　　　　(深沉版)

(打开微信扫描二维码收听)

郑老师的话

本文的范读是从两种基调入手的，听众可以感受到这两种基调基本的停连、重音、节奏都是相似的，主要区别在于语气的把控，一种是欢快喜悦的，一种是忧伤低沉的。这给朗读者的启示是：“语无定势”，即一模一样的文字在创作的时候可以千变万化。当然这种变化要遵循齐越先生所提倡的“无一字无依据”的原则，不能随心所欲，而要有的放矢。

此诗中“细雨点洒在窗前”一句的断句需要朗读者特别注意，切勿断成“细雨点”，而应当是“细雨”“点洒在窗前”。因为，前面的“云烟、黄昏、春风、星子”等意向都是双音节，从诗歌韵律的角度出发，这里如果出现一个三音节的名词，就会不符合基本创作规律。

为爱放手

致我们终将远离的子女

〔黎巴嫩〕纪伯伦

你的儿女,其实不是你的儿女。
他们是生命对于自身渴望而诞生的孩子。
他们借助你来到这个世界,却非因你而来。
他们在你身旁,却并不属于你。
你可以给予他们的是你的爱,却不是你的想法,
因为他们有自己的思想。
你可以庇护的是他们的身体,而不是他们的灵魂,
因为他们的灵魂属于明天,属于你做梦也无法达到的明天。
你可以拼尽全力,变得像他们一样,
却不要让他们变得和你一样。
因为生命不会后退,也不在过去停留。
你是弓,儿女是从你那里射出的箭。
弓箭手望着未来之路上的箭靶,
他用尽力气将你拉开,使他的箭射得又快又远。
怀着快乐的心情,在弓箭手的手中弯曲吧,
因为他爱一路飞翔的箭,也爱无比稳定的弓。

备稿六步

1.背景

(1)作者背景

纪伯伦(1883 年 1 月 6 日—1931 年 4 月 10 日),全名为纪·哈·纪伯伦(Kahlil Gibran),黎巴嫩作家、诗人、画家,是阿拉伯文学的主要奠基人,20 世纪阿拉伯新文学道路的开拓者之一,被称为黎巴嫩文坛骄子。纪伯伦、鲁迅和泰戈尔都是近代东方文学走向世界的先驱。12 岁时,纪伯伦随母亲到美国生活;一生颠沛流离,贫病交迫,终身未婚,英年早逝。

(2)写作背景

这首诗表面上看虽为“论孩子”,具体内容却是论父母之道。父母们常忽视教育最为重要的目标之一是培养独立人格,他们总喜欢干预子女的一切重大人生选择。本诗指出孩子是独立的,是与父母平等的个体,父母只能给孩子爱,却不能代替他们思想、灵魂的形成。

2.层次

第一层:第 1—11 行,是诗人对于儿女的独特定义;

第二层:第 12—16 行,是诗人对父母与子女应有关系的定义。

3.主题

本诗表达的是孩子应有独立的人格和思维。

4.目的

诗人创作这首诗是为了让更多家长尊重孩子、转变教育思维。

5.重点

第15、16行。

6.基调

热烈,高昂。

备稿贴士

在对这首诗的外文翻译作品中,这个版本是笔者看过最好的。作者不仅将标题翻译成了《致我们终将远离的子女》这样切中文意又文学性极高的题目,更是将中文的精妙体现得淋漓尽致。整首作品不仅体现出了原诗的精神,更体现了极高的中文水平。

在选择外文作品进行朗读的时候,朗读者要特别注意,因为现在有些译者的翻译水平有限,所以我们在看许多享誉世界的外国文学作品时,总是会感觉不过尔尔,但这其实不是原文作者的问题,而是译者的问题。目前,外国诗歌在被翻译的过程中,遇到的最大问题是"直译",这使得那些原本有着大量象征与隐喻的诗歌,经过翻译后,变得直白寡淡、诘屈聱牙。任何一种艺术形式,本身都是"重形式而轻内容的",比如一首《静夜思》,内容虽是思乡,但里面的意境却是通过精妙的文学语言营造出来的,而如果将《静夜思》翻译成一种外文,其精妙本身就会流失,如果无法用所译外文的精妙去填补，那么这样的翻译用于诗歌，是没有文学价值的。翻译讲究“信、达、雅”，所以，大家在选择外国文学诗时，如果感觉读来艰涩、难以理解，那就要果断放弃，一定要选择那些读来清新、熟悉且易于理解的诗文。这篇《致我们终将远离的子女》就是这样的文字。

生于19世纪的纪伯伦对父母与孩子之间应有的关系已然洞悉。纪伯伦一生未婚未育，这篇文章并非从父母角度来写，更多是从孩子的角度来写的。孩子应当拥有属于自己的独立思维和选择生活的权力，孩子并非父母的附庸。在孩子18岁之前培养其健全的人格与独立的精神，在18岁之后放手，这才应当是为人父母之道。

要知道，世界上大多数爱都是越来越“近”的，只有父母与孩子的爱是越来越“远”的。

朗读技巧

致我们终将远离的子女

你的儿女，其实不是你的儿女。

他们是生命对于自身渴望/而诞生的孩子。

他们借助你来到这个世界，却非因你而来。

他们在你身旁，却并不属于你。

你可以给予他们的是你的爱，/却不是你的想法，

因为他们/有自己的思想。

你可以庇护的/是他们的身体，而不是他们的灵魂，

因为他们的灵魂属于明天,^属于你做梦也无法达到的/明天。
你可以拼尽全力,变得像他们一样,
却不要让他们变得和你一样。
因为生命不会后退,也不在过去停留。//
你是弓,儿女是从你那里射出的箭。
弓箭手望着未来之路上的箭靶,^
他用尽力气将你拉开,^使他的箭射得又快又远。
怀着快乐的心情,在弓箭手的手中弯曲吧o,
因为他爱一路飞翔的箭,也爱/无比稳定的/弓o。

“/”代表停顿与节奏放慢,“^”代表连接与节奏加快,“ . ”(着重点)代表重音,“o”代表用虚声,“//”代表层次划分。

郑老师领读

(打开微信扫描二维码收听)

郑老师的话

这首诗的总体基调是热烈昂扬的,所以朗读者在朗读时应以实声为主。这首诗有明确的“劝慰”意味,朗读者应有一种中肯而诚挚的“劝慰”语气，因为只有诚挚的态度才能让人易于接受，切勿让语气流于说教，那样容易让人产生反感心理。

在第一层次说理的部分，朗读者的声音要以实声为主、句尾上扬，这样才能显示出朗读者对于所说道理的自信与乐观。声音的上扬主要靠的是气息的支撑，切勿单纯去扯开嗓子大喊，挤出高音，我们要做的是理直“气”壮，而非理直“声”壮。

第二层次中的一些意象需要我们理解，如父母是“弓”，子女是“箭”，而“弓箭手”就是“命运”，父母和孩子们会得到命运之神的祝福的。朗读者在朗读这一层次时，语气要充满欢乐，要为孩子的成长与远离而高兴，语气要积极昂扬。节奏总体要加快，要把“弓”与“箭”之间的张力表现出来。

爱的进行曲

我愿意是急流

〔匈牙利〕裴多菲

我愿意是急流，
山里的小河，
在崎岖的路上、
岩石上经过……
只要我的爱人
是一条小鱼，
在我的浪花中
快乐地游来游去。

我愿意是荒林，
在河流的两岸，
对一阵阵的狂风，
勇敢地作战……
只要我的爱人
是一只小鸟，
在我的稠密的
树枝间做窠，鸣叫。

我愿意是废墟，

在峻峭的山岩上，
这静默的毁灭
并不使我懊丧……
只要我的爱人
是青青的常春藤，
沿着我荒凉的额头，
亲密地攀援上升。

我愿意是草屋，
在深深的山谷底，
草屋的顶上
饱受风雨的打击……
只要我的爱人
是可爱的火焰，
在我的炉子里，
愉快地缓缓闪现。

我愿意是云朵，
是灰色的破旗，
在广漠的空中，
懒懒地飘来荡去，
只要我的爱人
是珊瑚似的夕阳，
傍着我苍白的脸，
显出鲜艳的辉煌。

备稿六步

1.背景

(1)作者背景

裴多菲(1823 年 1 月 1 日—1849 年 7 月 31 日),全名为裴多菲·山陀尔(Petöfi Sándor),是匈牙利著名诗人,也是一位非常年轻的诗人。其主要作品都创作于青年时期。他为匈牙利的民族独立做出了很大贡献,26 岁便下落不明,留下“生命诚可贵,爱情价更高,若为自由故,二者皆可抛”等传世名句。

(2)写作背景

1846 年 9 月,23 岁的裴多菲在一次舞会上结识了一位伯爵的女儿森德莱·尤丽娅。富有的伯爵根本看不上裴多菲这样的穷诗人,更别提把女儿嫁给他。而裴多菲并不害怕对方家庭的阻力,他以诗为武器,在半年时间里为恋人发出了《致尤丽娅》《我是一个怀有爱情的人》《你爱的是春天》《凄凉的秋风在树林中低语》等系列情诗,鼓动年轻的尤丽娅冲破父亲和家庭的桎梏,最后为了发布他爱的誓言,写下了这首《我愿意是急流》。该诗写在诗人与尤丽娅热恋时期,是一首向对方表白的情诗。

2.层次

每个小节为一个层次,共五个层次,每个层次都在用不同的意向表达同一个意思,那就是希望爱人能够在自己的庇护之下过得幸福。

3.主题

这首诗表明诗人无论命运如何坎坷,只要能和爱人在一起,便会得到自由和幸福。

4.目的

诗人意在通过这首诗歌颂爱情的伟大与诗人对于爱情的渴望。

5.重点

第 5 小节。

6.基调

深情,热烈。

备稿贴士

这首《我愿意是急流》是一首非常经典的外文诗,同时也是在中国最为脍炙人口的外文诗歌之一。它通篇都在用非常诚挚而热烈的文字向自己的爱人表达爱意。这首诗歌对于呼吁婚姻自由、打破封建礼教的 20 世纪初的中国来说尤其容易引起共鸣,所以很早就被引进中国并且得到了非常好的中文翻译。而因为其又是大团圆结局——裴多菲最终得偿所愿,在一年之后抱得佳人归,所以这首诗歌又多了许多浪漫的色彩。朗读者在朗读前要明确,这首诗所表现的是“热恋”阶段,诗人要将爱情的美好与对爱人无比的热爱表现出来,这正是我们朗读的重要目的。在当下的文学类课程当中,许多评论家基于裴多菲爱国诗人的形象,总是将这首诗与爱国之情相联系,有些牵强。读者在分析稿件时,要顺其自然地发掘其原本的意义,而避免去赋予其他意义,否则一定会让创作进退失据。

这首写于170余年之前的诗歌,因为表达的是“永恒的情感”——爱情,所以历久弥新,直到今天还是非常容易被接受。这给我们的启示是,相比于那些歌颂“一时一地”的时代性鲜明的文字,表现人类情感的文字会更容易被长久流传。因此,朗读者在选择稿件的时候,也要注意选择表现永恒情感的文字。

朗读技巧

我愿意是急流

我愿意/是急流,^
山里的小河,
在崎岖的路上、^
岩石上经过o……
只要我的爱人o
是一条小鱼,
在我的浪花中
快乐地/游来游去o。//

我愿意是荒林,
在河流的两岸,^
对一阵阵的狂风,^
勇敢地作战……
只要我的爱人
是一只小鸟,

在我的稠密的
树枝间/做窠,/鸣叫 o//

我愿意是废墟,
在峻峭的山岩上,^
这静默的毁灭^
并不使我懊丧……
只要我的爱人
是青青的常春藤,
沿着我荒凉的额头^,
亲密地/攀缘上升。^//

我愿意是草屋,^
在深深的山谷底,^
草屋的顶上^
饱受风雨的打击……
只要我的爱人
是可爱的火焰,
在我的炉子里,
愉快地/缓缓闪现。//

我愿意/是云朵,
是灰色的破旗,
在广漠的空中,
懒懒地/飘来荡去,o

只要我的爱人^

是珊瑚似的夕阳,

傍着我苍白的脸,

显出/鲜艳的/辉煌。

“/”代表停顿与节奏放慢,“^”代表连接与节奏加快,“·”(着重点)代表重音,“o”代表用虚声,“//”代表层次划分。

郑老师领读

(打开微信扫描二维码收听)

郑老师的话

这首诗歌中有许多意象:裴多菲将自己比喻为急流、荒林、废墟、草屋、云朵与破旗,把爱人比喻为小鱼、小鸟、常春藤、火焰与夕阳。前者给人一种悲怆而雄浑之感,后者给人一种娇美与可爱之感,二者相依相存,相辅相成。这首诗也为朗读者在朗读时面对不同意象的语气把握,提供了参考。在处理每小节中的两种意象时,朗读者要以不同的两种语气进行处理。在读“我”时实声要偏多,来表现诗人坚定的意志;在读爱人时,虚声要偏多,来表现她的娇羞可爱。

稿件本身用了“重言复唱”的手法,不断以“我愿意”以及相应的语法结构进行回环往复。这种在行文上相近的文体特别需要朗读者在节奏上有比较鲜明的变化,才能使读起来的感觉不死板。这种变化既要考虑段落内部的快慢交错,更要考虑 5 个小节之间节奏的布局与变化。总之,朗读者要处理好微观与宏观这两个层面的技巧。

诺贝尔文学奖

答案在风中飘荡

［美］鲍勃·迪伦

一个男人要走过多少条路
才能被称为一个男人
一只白鸽要越过多少海水
才能在沙滩上长眠
炮弹在天上要飞多少次
才能被永远禁止
答案，我的朋友，在风中飘荡
答案在风中飘荡

是啊一座山要存在多少年
才能被冲向大海
是啊一些人要生存多少年
才能够重获自由
是啊一个人能转头多少次
假装他只是没看见
答案，我的朋友，在风中飘荡
答案在风中飘荡

是啊一个人要抬头多少次

才能够看见天空
是啊一个人要有多少耳朵
才能听见人们哭泣
是啊到底要花费多少生命
他才能够知道太多人死亡
答案，我的朋友，在风中飘荡
答案在风中飘荡

备稿六步

1.背景

(1)作者背景

鲍勃·迪伦(Bob Dylan)，出生于1941年5月24日，原名为罗伯特·艾伦·齐默曼(Robert Allen Zimmerman)，是美国民谣的一代宗师；2016年，凭借《答案在风中飘荡》这首歌的歌词，获得了诺贝尔文学奖，成为第一位获得该奖项的音乐人。

(2)写作背景

第二次世界大战使得所有参战国都元气大伤，美国也不例外。20世纪50年代，美国为了在冷战中占得上风而参与了越战，却令自己陷入了长达20年的泥潭，美国投入大量人力、物力，还派遣子弟兵远渡重洋，前往越南战场，然而伤亡却很惨重，于是一种悲观厌世的情绪开始在美国社会蔓延，美国社会因此掀起了一股反战的热潮。在这同时，民歌也开始在全美各地校园流行起来，许多知识青年不仅利用他们创作的民歌发出抗议的声音，更积极加入示威群众运动。这首歌词就是在这样的背景之下写就的。

2.层次

第一层:第 1 小节,描写战争的频仍;

第二层:第 2 小节,描写人们的漠然;

第三层:第 3 小节,作者对反战的呼吁。

3.主题

这段歌词表达了创作者反战的态度。

4.目的

这段歌词意在宣扬和平主义精神。

5.重点

每小节最后一句。

6.基调

深沉,庄严。

备稿贴士

这首诗写于 1962 年,当时美国在越战中的形势并不乐观,政府为了争夺国际地位,不顾本国人民的意愿,将更多士兵送入越南,造成了美国 6 万军人战死、20 万军人伤残的惨烈后果。目睹自己同胞满怀爱国热情地参军入伍,却为了不必要的战争断送了性命,一大批反战艺术被催生出来,如著名的反战电影《现代启示录》,再如鲍勃·迪伦的这首《答案在风中飘荡》。在这首歌词中,鲍勃·迪伦用他不卑不亢的语言表达了他对和平的思考,为无数同样不满的美国人发声;望世人能以和平而理性的态度来解决争端，不要再对世间的不幸视而不见、听而不闻，更不要再让无辜的人继续丧生在战火之中。在这首歌词的诸多中译版本当中，这一版本是笔者认为水平最高的。

朗读技巧

答案在风中飘荡

一个男人/要走过多少条路
才能被称为一个男人
一只白鸽/要越过多少海水
才能在沙滩上长眠o
炮弹在天上要飞多少次
才能被永远禁止
答案，我的朋友，在风中飘荡
答案/在风中/飘荡 o(语势中)//

是啊/(语势中)一座山要存在多少年^
能被冲向大海
是啊/(语势低)一些人要生存多少年^
才能够重获自由
是啊/(语势高)一个人能转头多少次^
假装他只是没看见^
答案，我的朋友，在风中飘荡^
答案在风中/飘荡(虚实结合，语势上扬)//

是啊/一个人要抬头多少次^
才能够看见天空
是啊/一个人要有多少耳朵^
才能听见人们哭泣
是啊/到底要花费多少生命^
他才能够知道太多人死亡
答案,我的朋友,在风中飘荡(拉长)
答案在风中/飘荡(短促、语势下落)

“/”代表停顿与节奏放慢,“^”代表连接与节奏加快,“ . ”(着重点)代表重音,“o”代表用虚声,“//”代表层次划分。

郑老师领读

(打开微信扫描二维码收听)

郑老师的话

对这首歌词的朗读,总体的基调是深沉而庄严的,所以朗读者在朗读时不能过于拖沓,而要显示出一种沉稳有力的感觉。3个小节的文字在形式上是完全一致的排比,类似于这样的诗歌,朗读者在处理的时候都要特别注意其中的变化,要将一样的文字读出完全不同的声音状态。主要的技巧就是在重音、停连、语气、节奏上要注意变化,这些变化在前文中已经为大家用符号标记出来。同时,请大家留意,除了上面所标记出的基本符号之外,笔者也为您标出了语势的高、中、低,请朗读者认真体味当中的情感,然后合理运用自己的气息,切忌生硬地去使用技巧,而是要用感情去驱动气息,用气息去驱动声音。

这篇稿件总体没有非常高或者非常强的部分,朗读者应在一个相对弱控制的情态之下进行表达。请大家理解"情取其高,声取其中,气取其深"的道理,将情、声、气三者的关系做到和谐、统一。

求之不得的爱情

当你老了

〔爱尔兰〕叶 芝

当年华已逝,你两鬓斑白,沉沉欲睡,
坐在炉边慢慢打盹,请取下我的这本诗集,
请缓缓读起,如梦一般,你会重温
你那脉脉眼波,她们是曾经那么的深情和柔美。

多少人曾爱过你容光焕发的楚楚魅力,
爱你的倾城容颜,或是真心,或是做戏,
但只有一个人!他爱的是你圣洁虔诚的心!
当你洗尽铅华,伤逝红颜地老去,他也依然深爱着你!

炉里的火焰温暖明亮,你轻轻低下头去,
带着淡淡的凄然,为了枯萎熄灭的爱情,喃喃低语,
此时他正在千山万壑之间独自游荡,
在那满天凝视你的繁星后面隐起了脸庞。

备稿六步

1.背景

(1)作者背景

叶芝(1865 年 6 月 13 日—1939 年 1 月 28 日),全名为威

廉·巴特勒·叶芝(William Butler Yeats),爱尔兰诗人、剧作家、散文家、爱尔兰文艺复兴运动的领袖;因为一首《当你老了》,在中国网络走红,这首诗还被改编为歌曲登上春节联欢晚会的舞台。

(2)写作背景

《当你老了》这首诗写于1893年,时年叶芝29岁,他之所以写作这首诗,是想献给他心仪的女性——时年27岁的茅德·冈,此前叶芝已向茅德·冈第一次求婚而未遂。这首诗充满了诗人对茅德冈的表白与爱慕。

2.层次

第一层:第1节,诗人想象未来茅德·冈年老后,自己的诗集陪伴在所爱之人的身旁;

第二层:第2节,诗人表白自己的爱情与众不同;

第三层:第3节,诗人表达自己的爱矢志不渝。

3.主题

这首诗表达了诗人对自己心仪女性的真爱。

4.目的

诗人写这首诗是希望爱人能够明白自己的一片痴心,而不在多年后遗憾。

5.重点

最后两行。

6.基调

深情,诚挚。

备稿贴士

首先要提醒大家的是,叶芝这个看上去女性化的译名其实是一位男性,而茅德·冈这个看上去很阳刚的译名则是一位女性。这首诗是一位男性向一位女性的表白,而非相反。

叶芝24岁邂逅22岁的茅德·冈,一见钟情。两人同为爱尔兰独立运动而奋斗,本以为可以终成眷属,却在1889年第一次向其求婚时被拒绝,叶芝在数年后写下《当你老了》,以表达自己的心志。此后叶芝一生都纠结于对茅德·冈这位女士的感情之中,在不同的时间节点不断向其求婚,一直持续到茅德·冈丈夫去世,叶芝第五次求婚失败,才在52岁与他人结婚。可以说,叶芝用其一生践行了这首《当你老了》。

这段矢志不渝却无法善终的情感也为叶芝带去了意外的收获——这样的情感纠葛对于叶芝一生的创作发挥着巨大的作用。"诗意"许多时候都是由"失意"引发的,所谓"国家不幸诗家幸,赋到沧桑句便工",它不断催发着叶芝或激情澎湃、或心如死灰的写作灵感,使其文字作品一直充满张力。叶芝一生为茅德·冈创作了大量的诗作,除了这首《当你老了》之外,还有《他希望得到天堂中的锦绣》《白鸟》《和解》《反对无价值的称赞》等。这些优秀的文学作品使叶芝最终获得了诺贝尔文学奖,这也算是对叶芝一生情感失意的报偿。

朗读技巧

当你老了

当/年华已逝，你两鬓斑白，沉沉欲睡，
坐在炉边慢慢打盹o，请取下我的这本诗集，
请缓缓读起，如梦一般，你会重温
你那脉脉眼波，她们是曾经那么的/深情和柔美o。//

多少人曾爱过你容光焕发的楚楚魅力，
爱你的倾城容颜，或是真心^，或是做戏，
但只有一个人！他爱的/是你圣洁虔诚的心！
当你洗尽铅华，伤逝红颜地老去，他也依然/深爱着你o！//

炉里的火焰温暖/明亮，你轻轻低下头去，
带着淡淡的凄然，为了枯萎/熄灭的爱情，喃喃低语，
此时他正在千山万壑之间独自游荡，
在那满天凝视你的繁星后面/隐起了脸庞o。

“/”代表停顿与节奏放慢，“^”代表连接与节奏加快，“ . ”(着重点)代表重音，“o”代表用虚声，“//”代表层次划分。

郑老师领读

(打开微信扫描二维码收听)

郑老师的话

朗读者在朗读这首诗时总体的节奏要和缓,声音要虚实结合。

诗篇的第1层是叶芝对于老年茅德·冈的想象,句与句之间没有需要紧连的部分,总体处理时就是要用一个较为缓慢的节奏及较为低沉的语气去进行表达,仿佛是叶芝唯恐吵醒正在打盹儿的爱人。

诗篇的第2层又来到了茅德·冈明艳动人的年轻时代,也是叶芝对茅德·冈最为热爱的时代,每一句都是叶芝毫无保留的表白,所以,这一段落也是全诗情感最强烈之所在。语气较上一节要有一个明显加强,语势也要明显上扬,节奏也是全文最快的一个层次。

诗篇的第3层又回到了想象中的茅德·冈老年,这段以虚实结合、虚声为主的气息状态为主,前两个分句先用语言营造出一种静谧感,后两句是全文的制高点,由现实的追求升华到了灵魂的相伴。所以,朗读者在处理这两句时语气要不断加强,但是声音要仍旧保持虚实结合,切忌声音过实而破坏了意境。

革命的激情

西风颂(节选)

〔英〕雪　莱

把我当作你的竖琴,当作那树丛:
尽管我的叶落了,那有什么关系!
你那非凡和谐的慷慨激越之情
定能从森林和我同奏出深沉的秋韵,
甜美而带苍凉。给我你迅猛的劲头,
狂暴的精灵!化成我吧,借你的锋芒!
请把我尘封的思想散落在宇宙
让它像枯叶一样促成新的生命!
哦,请听从这一篇符咒似的诗歌,
就把我的心声,像是灰烬和火星
从还未熄灭的炉火向人间播散!
让预言的喇叭通过我的嘴巴
把昏睡的大地唤醒吧!哦,西风啊,
如果冬天来了,春天还会远吗?

备稿六步

1.背景

(1)作者背景

雪莱(1792 年 8 月 4 日—1822 年 7 月 8 日),全名为珀西·

比希·雪莱(Percy Bysshe Shelley),英国著名作家、浪漫主义诗人,被认为是历史上最出色的英语诗人之一。雪莱从小纤瘦、文静,爱读书讲故事,但因为行事乖张,不为父母所喜;进入大学之后因散播无神论被牛津大学开除,被父亲逐出家门。他在政治上仇视权贵,和人民站在一起,是一个社会主义者,也是一个纯粹的利他主义者。雪莱一生支持各国的民族独立运动;一生游历各国,1822 年,雪莱在 30 岁时死于一次海难。

(2)写作背景

《西风颂》写于 1819 年,当时欧洲各国的工人运动和革命运动风起云涌。雪莱为大好的革命形势而鼓舞振奋,因此创作灵感不断。

2.层次

第一层:第 1 句,表达“我”献身革命的决心;

第二层:第 2—7 句,表达“我”要为革命传播真理的心声;

第三层:第 8 句,表达“我”对革命美好前景的憧憬。

3.主题

这段节选主要颂扬革命力量的坚定与强大。

4.目的

这段节选表达诗人对反动腐朽势力的憎恨,以及对革命终将胜利和光明未来的热切希望和坚定信念。

5.重点

最后一行。

6.基调

大气,雄壮。

备稿贴士

雪莱对于中国文艺青年的影响很大,中国的朦胧诗派就是在雪莱、拜伦等西方诗人的影响之下萌芽的。中国诗人徐志摩这样评价雪莱:“我实在够不上读他,因为太浓厚伟大了,他的小诗,很轻灵、很微妙、很真挚、很美丽,读的时候,心灵真是颤动起来,犹如看一块纯洁的水晶,真是内外通灵。”郭沫若对雪莱也赞赏有加。甚至是伟大的革命导师马克思、恩格斯对雪莱也都有很高的评价。这不仅因为雪莱在文学上有很高的造诣,而且因为他作为一个社会主义者,在青年时代就离开了故乡英国,且再未回到英伦三岛,虽作为贵族继承了祖父的巨额遗产,却在支持西班牙、爱尔兰等国民族独立运动的过程中散尽。他的创作更多是围绕为平民发声,为革命鼓与呼而展开的。他一生的事业都充满了理想主义的光辉。当时他在政治上的成就与他的文学成就相当。

在写作这首诗的时候,雪莱正旅居意大利,处于自己写作的高产期。这首诗是诗人在佛罗伦萨附近阿诺河畔的一片树林里构思的,也是在那里完成了诗的主要部分。诗人创作这首诗的灵感源自那天狂风暴雨、电闪雷鸣的天气,暴雨伴随着冰雹下了一整夜,但诗人却诗意地将自然现象比喻成气势如虹的革命形势,并就此写就了他一生中最负盛名的抒情短诗《西风颂》。《西风颂》全诗一共 5 个小节,此处节选的是其中最为经典的第 5 节。

诗人认为西风如同一种革命力量,具有涤荡污垢的能力,也如同桀骜不驯的不死鸟,永远焕发着激情。此处诗人运用拟人的手法,将“西风”比作人,它在面对革命的新生事物时,能体现出一种责任感,庇护和帮助革命者,助其发展。雪莱笔下的西风既是旧势力的破坏者,又是新事物的维护者。通过这段文字,我们能看出外表柔弱的雪莱内心的刚烈。

总体来说,这是一篇极为雄浑有力的稿件。

朗读技巧

西风颂(节选)

把我当作你的竖琴^,当作那树丛:
尽管我的叶落了^,那有什么关系!//
你那非凡和谐的慷慨激越之情
定能从森林和我/同奏出深沉的秋韵o,
甜美/而带苍凉。给我你迅猛的劲头,
狂暴的精灵^!化成我吧,借你的/锋芒!
请把我尘封的思想/散落在宇宙^
让它像枯叶一样/促成新的生命!
哦o,请听从这一篇符咒似的诗歌,
就把我的心声^,像是灰烬和火星^
从还未熄灭的炉火/向人间播散!
让预言的喇叭/通过我的嘴巴^
把昏睡的大地唤醒吧o!//哦o,西风啊o,
如果冬天来了,春天/还会/远吗o?

“/”代表停顿与节奏放慢,“ˆ”代表连接与节奏加快,“ . ”(着重点)代表重音,“o”代表用虚声,“//”代表层次划分。

郑老师领读

(打开微信扫描二维码收听)

郑老师的话

整首《西风颂》的节奏感极强,情感非常豪放,寓意深远,而这段节选是整个诗篇中的制高点,最为大气磅礴,所以朗读者在表达时候于强控制的使用要较多些。

文章第 1 句(前两行)两处都有连接符号,同时第 2 行前后两个分句由低到高,表现出语势的提升。第 3、4 行总体节奏较慢,语势较为舒缓,表达起来应当虚实结合,这样的设计也是为了在表达上欲扬先抑,因为接下来的部分语气会不断加强,节奏会不断加快。第 5 行节奏保持缓慢,第 6 行开始节奏骤快,中间不停,到“借你的锋芒”一句,由快变慢,为下一次欲扬先抑做准备。第 7、8 行的节奏要快,中间不停,要一口气读完,从而表现出一种力量感,这样的表达对于气息的要求很高。第9行的节奏要再次放缓,需要注意的是“哦”字不要读成实声,它只是一个语气词,应当就着一口气送出来。第10、11行,节奏要再次变快,一口气读完,中间不停,形成一个小高潮。第12、13行的语气要加强,但语势下行,回到弱控制的状态。最后一句是全文制高点,要用虚实结合的方式将其抒情地表达出来。

朗读者在朗读这篇稿件时,整体要“纵控有度,快慢交错”。这篇稿件对于气息的要求极高,是我们进行基本功练习不可多得的好稿件。

当人生遭遇低谷

假如生活欺骗了你

〔俄罗斯〕普希金

假如生活欺骗了你，
不要难过，不要心急！
忧郁的日子，需要镇静。
相信吧，那快乐的时候即将来临。
心永远憧憬着未来；
现在却常是阴沉：
一切都是瞬息，
一切都将过去。
而那过去了的，
将变成深切的怀念。

备稿六步

1.背景

(1)作者背景

普希金(1799年6月6日—1837年1月29日)，全名为亚历山大·谢尔盖耶维奇·普希金(Александр Сергеевич Пушкин)，是俄罗斯著名文学家、诗人、小说家，现代俄国文学的创始人，19世纪俄罗斯浪漫主义文学主要代表，同时也是现实主义文学的奠基人,现代标准俄语的创始人,被誉为“俄罗斯文学之父”“俄罗斯诗歌的太阳”“青铜骑士”,代表作有《自由颂》《致恰达耶夫》《致大海》等。他创立了俄罗斯民族文学和文学语言,同时在诗歌、小说、戏剧乃至童话等文学各个领域都给俄罗斯文学创立了典范。高尔基称普希金为“一切开端的开端”。1837 年,普希金在一次决斗中去世。

(2)写作背景

这首诗写于普希金被流放期间,当时俄国推翻沙皇暴政统治的革命如火如荼,但普希金却与此隔绝,所以心情十分失落。邻近一个庄园的奥西波娃一家给普希金愁苦的流放生活带去很多色彩与慰藉。在密切的相处中,年轻的普希金与奥西波娃 15 岁的女儿产生了感情,这首诗就是为这位 15 岁的姑娘叶甫勃拉克西亚·尼古拉耶夫娜·伏里夫所写的,并且题写在她的纪念册上。

2.层次

第一层:第 1—4 行,诗人认为在人生低谷要保持乐观心态;

第二层:第 5—8 行,诗人认为在乐观的心态下,人生的不如意终将结束;

第三层:第 9、10 行,诗人认为挫折的回忆也会成为记忆的财富。

3.主题

这首诗表现出的是诗人的一种生活哲学,他认为,人在处于低谷时应该具备一种乐观向上的心态。

4.目的

这首诗意在表达诗人积极乐观的人生态度。

5.重点

“一切都是瞬息，一切都将过去”这一句。

6.基调

乐观，积极。

备稿贴士

在普希金生活的时代，俄国作为欧洲的边缘国家，一心以融入欧洲为荣，所以包括皇室在内的上层贵族都是用法语来交流和写作的，大家都以读法国文人创作的法国文学为荣。所谓的俄语只是在底层的民众中使用，所以当时人们所使用的俄国语言和文字是极不规范、极不统一的，只能简单表意，无法上升到标准统一的文学形态。普希金史无前例地创作了大量用俄语写就的文学作品，从而开创了俄语文学，成为“俄国文学之父”。

普希金的作品反对农奴制，讴歌自己，为沙皇政府所不容。所以沙皇政府将普希金流放，但是流放的地点却是普希金父亲的领地，所以这种惩罚的手段也是非常温和的。普希金在父亲的领地有奶妈的照顾及 15 岁女友的陪伴，虽然在政治上失意，但日子过得并不悲惨。所以这首小诗其实反映出的是普希金在失意的日子中表现出来的乐观态度，这就成为我们朗读这首诗时确定基调的重要依据。

值得一提的是，普希金后来的妻子娜塔丽娅·普希金娜是一位貌美如花的交际花，她对文学毫无兴趣，却爱流连于各种社交场合。而在当时,公开追求有夫之妇是欧洲上层社会的风尚,所以引来了各种男性的追捧。这使得普希金为了保全自己的尊严,而在之后与情敌的决斗中被杀害,年仅38岁。

朗读技巧

假如生活欺骗了你

假如生活欺骗了你,
不要难过,不要心急!
忧郁的日子,需要镇静o。
相信吧^,那快乐的时候/即将来临。//
心/永远憧憬着未来;
现在/却常是阴沉:
一切都是瞬息^,
一切都将过去。//
而那过去了的,
将变成/深切的/怀念o。

“/”代表停顿与节奏放慢,“^”代表连接与节奏加快,“ . ”(着重点)代表重音,“o”代表用虚声,“//”代表层次划分。

郑老师领读

（打开微信扫描二维码收听）

郑老师的话

这是一首看上去篇幅不长的小诗，事实上，本书中的绝大多数稿件，篇幅都不长，而我们要做的，就是将一篇看上去“不长”的文字，读“长”。学校的老师在教学的时候，都会告诉同学们，会读书的人是将书“越读越厚”的，之所以会变厚，是因为我们在书里加入了很多草稿笔记。而朗读也是一样，之所以能越读越“长”，是因为我们在声音里加入了许多技巧和情感。

这首小诗以“一切都是瞬息，一切都将过去”为界，在此句之前，作者先进行一番铺垫，表现的是作者处于人生低谷时的心路历程，但是因为整首诗的基调是乐观的，所以朗读者的语气不用特别悲伤，而应该保持一种较为欢愉的状态。前 3 行语速较慢，声音略低沉；第 4 行语势较之前上扬，语速加快；第 5、6 行又回到慢速、低沉的状态，此处，朗读者要做好欲扬先抑的准备；而“一切都是瞬息，一切都将过去”这句话是表现作者超然而释怀的重要句子，所以我们将其看作全文的制高点，朗读者读到此句时，语势要上扬，语气要达到最饱满的状态；最后两行的表达又回到慢速、低沉，虚声要送气更多，语气比开始阶段要更强烈。

第二章

散文（节选）朗读技巧分析

得之我幸，不得我命

致梁启超

徐志摩

我之甘冒世之不韪，竭全力以斗者，非特求免凶惨之苦痛，实求良心之安顿，求人格之确立，求灵魂之救度耳。

人谁不求庸德？人谁不安现成？人谁不怕艰险？然且有突围而出者，夫岂得已而然哉？

我将于茫茫人海中访我唯一灵魂之伴侣；得之，我幸；不得，我命，如此而已。

嗟夫吾师！我尝奋我灵魂之精髓，以凝成一理想之明珠，涵之以热满之心血，朗照我深奥之灵府。而庸俗忌之嫉之，辄欲麻木其灵魂，捣碎其理想，杀灭其希望，污毁其纯洁！我之不流入堕落，流入庸懦，流入卑污，其几亦微矣！

白话译文

我甘愿冒着世俗的禁忌偏见，尽我所能全力以斗，并非是想求以此免去身体心灵之痛，我恰恰求的是自己的良心之安顿，人格之确立，灵魂之救度。

世上有几个凡夫俗子不爱平平庸庸的道德，不爱安于现成，不会畏惧艰难。然而有摆脱世俗而脱颖而出的人，有谁不是万不得已而为之呢？

我将在茫茫人海中寻找我唯一的灵魂伴侣。得到，乃我之幸。不得,乃我之天命。如此而已。

老师可知我曾试着将自己灵魂思想之精髓凝结成一颗梦想之明珠,包裹着我炽热而溢满的红色血液,将此明珠照明我幽深晦暗之心灵。然而,世俗却禁锢着它、嫉妒着它,欲麻木这颗炽热天真的灵魂,捣碎此优雅高尚之理想,浇灭那熊熊燃烧之希望,将纯洁玷污。在如此四面楚歌的环境下,我担心自己不流入堕落、庸懦、卑污的可能性很小啊!

备稿六步

1.背景

(1)作者背景

徐志摩(1897 年 1 月 15 日—1931 年 11 月 19 日),原名章垿,留学英国时改名“志摩”;籍贯浙江,诗人、散文家,新月诗派代表人物,1931 年因飞机失事罹难,一生与张幼仪、林徽因、陆小曼有着情感的交集。

(2)写作背景

1922 年 3 月,远在英国的徐志摩和自己的结发妻子张幼仪离婚。一个原因是他们的婚姻是包办的,没有爱情;另一个原因则是他爱上了同时留学英国的才情并茂的林徽因。周围的亲朋竭力劝阻徐志摩,梁启超同样如此,他担心爱徒此举会自毁前程,因为在 20 世纪初期许多中国人的观念中,无爱离婚就和无故休妻一样,是一件极不道德的事。徐志摩从剑桥归来后发现林徽因已与梁启超的儿子梁思成订婚,同时家里又对他与张幼仪离婚持反对态度,于是他就给梁启超写了这封信,来表明自己的心迹。

2.层次

第一层:第1、2段,表达自己不得不离婚的内心苦楚;

第二层:第3段,表达自己追求真爱的决心;

第三层:第4段,表达世俗社会对于个人的束缚与戕害。

3.主题

这封信是徐志摩在向老师表明自己追求独立的人格。

4.目的

这封信意在祈求梁启超的原谅与理解,希望得到社会各界的谅解。

5.重点

第3段。

6.基调

热烈,坚定。

备稿贴士

徐志摩一生有两个败笔:一是与为自己生了两个儿子的张幼仪离婚,即所谓的抛妻弃子;二是与自己朋友的妻子陆小曼结婚,即所谓的夺朋友妻。这两点都是徐志摩为世俗社会所指责的道德瑕疵。这篇文章,则是徐志摩从自己的立场出发,是一篇名为向梁启超而实为向社会公众的表白、澄清之作。当中"得之,我幸;不得,我命,如此而已",成为传世名句。

这篇文章是徐志摩存世为数不多的古文。在民国时期,文人分为三等:只能写白话文而不能写文言文的为最末等,只能写文言文而不能写白话文的为第二等,文言文、白话文俱佳的为第一等。徐志摩就是这第一等的文人,不仅开创了白话诗当中的新流派,而且古文功底也是极佳。

朗读技巧

致梁启超

我之甘冒世之不韪,竭全力以斗者,非特求免凶惨之苦痛,实求良心之安顿,^求人格之确立,^求灵魂/之救度耳o。

人谁不求庸德?人谁不安现成?^人谁不怕/艰险?然且有突围而出者,夫岂得已/而然哉?//

我将于茫茫人海中/访我唯一灵魂/之伴侣;得之,我幸;不得,我命,如此而已。//

嗟夫吾师o!我尝奋我灵魂之精髓,^以凝成一理想之明珠,涵之以热满之心血,^朗照我深奥/之灵府。而庸俗忌之/嫉之,辄欲麻木其灵魂,^捣碎其理想,^杀灭其希望,^污毁/其纯洁!我之不流入堕落,^流入庸懦,^流入卑污,其几亦/微矣o!

“/”代表停顿与节奏放慢,“^”代表连接与节奏加快,“ .”(着重点)代表重音,“o”代表用虚声,“//”代表层次划分。

郑老师领读

(打开微信扫描二维码收听)

郑老师的话

这是一篇古体文。朗读古文之前,朗读者要树立一个概念——古文朗读与现代文朗读的基本规律是一样的,都是基于我们充分理解了稿件原意并且拿捏好正确基调之后利用四大外部技巧进行表达的。关于古文,笔者在微信订阅号“郑老师的话”中有大量作品,而关于“古文朗读”这个议题,笔者也会另出专著解析。

古文的一大特色就是,对仗更为工整、排比更为丰富,所以朗读者在节奏的把握上要更为精准,变化要更为丰富。请大家特别留意笔者在每段当中的连接符号“‸”,用好了这个符号,就可以使我们的语势在这篇文章当中达到最佳的变化。

光阴似金

匆匆

朱自清

燕子去了,有再来的时候;杨柳枯了,有再青的时候;桃花谢了,有再开的时候。但是,聪明的,你告诉我,我们的日子为什么一去不复返呢?——是有人偷了他们罢:那是谁?又藏在何处呢?是他们自己逃走了罢:现在又到了哪里呢?

我不知道他们给了我多少日子;但我的手确乎是渐渐空虚了。在默默里算着,八千多日子已经从我手中溜去;像针尖上一滴水滴在大海里,我的日子滴在时间的流里,没有声音,也没有影子。我不禁头涔涔而泪潸潸了。

去的尽管去了,来的尽管来着;去来的中间,又怎样地匆匆呢?早上我起来的时候,小屋里射进两三方斜斜的太阳。太阳他有脚啊,轻轻悄悄地挪移了;我也茫茫然跟着旋转。于是——洗手的时候,日子从水盆里过去;吃饭的时候,日子从饭碗里过去;默默时,便从凝然的双眼前过去。我觉察他去的匆匆了,伸出手遮挽时,他又从遮挽着的手边过去,天黑时,我躺在床上,他便伶伶俐俐地从我身上跨过,从我脚边飞去了。等我睁开眼和太阳再见,这算又溜走了一日。我掩着面叹息。但是新来的日子的影儿又开始在叹息里闪过了。

在逃去如飞的日子里,在千门万户的世界里的我能做些什么呢?只有徘徊罢了,只有匆匆罢了;在八千多日的匆匆里,除徘徊外,又剩些什么呢?过去的日子如轻烟,被微风吹散了,如薄雾,被初阳蒸融了;我留着些什么痕迹呢?我何曾留着像游丝样的痕迹呢?我赤裸裸来到这世界,转眼间也将赤裸裸地回去罢?但不能平的,为什么偏要白白走这一遭啊?

你聪明的,告诉我,我们的日子为什么一去不复返呢?

备稿六步

1.背景

(1)作者背景

朱自清(1898 年 11 月 22 日—1948 年 8 月 12 日),出生于清末,在扬州度过了童年和少年时光,受父辈士大夫家学影响颇深,形成了“整饬而温和、庄重而矜持”的文人气质。朱自清作为新文学运动初期的代表人物,他的散文具有一种清新明快的特征。1928 年,朱自清出版了第一本散文集《背影》,当中的文字均为其个人真切的见闻和独到的感受,看似平淡朴素,实则饱含深情,对后世的影响很大。

(2)写作背景

本文写于 1922 年 3 月五四运动落潮时期。随着五四运动落潮社会政治氛围压抑,朱自清作为五四倡导者,他的情绪也陷于低潮。

2.层次

第一层:第 1 段,提出时光易逝的命题;

第二层:第 2—4 段,形象地描述了时间是如何流逝的;

第三层:第5段,与前文首尾呼应,继续提问,没有回答。

3.主题

本段节选描写的是时间匆匆流逝的人生命题。

4.目的

本段节选意在表现青年人面对“时间”这一终极命题时的无奈和苦闷。

5.重点

第3段。

6.基调

忧伤,无奈。

备稿贴士

此文是一篇非常经典的文章,入选九年义务教育阶段的语文课本。在确定此文基调的时候,朗读者必须要注意一点,这是一篇非常沉重且苦闷的文章,并非那么昂扬向上或者充满希望。朗读者首先要情景再现,用身心去感受一个青年人在面对匆匆流逝的时光时内心的焦虑和无力,这是从古至今所有人都必须面对的无解难题——时光易逝,生命短暂,而我们却无能为力。但就笔者个人的经验来说,当初在学习《匆匆》这篇文章时,老师或者同学们都会不自觉地将其理解得非常欢快,尤其当看到第3段描写时间以各种各样的方式逝去时,更容易将这种拟人的方式读得非常活泼可爱,事实上,这样是曲解了作者的原意。朗读者在进行有声语言创作时,要牢牢把握一种“忧伤、无奈”

的基调和语气的深浅分量。

朱自清的这篇文章用一种白描的手法展示了时间的无情流逝,触动人心,而朗读者在把握这种白描式的文字时尤为有难度,因为这样的文章需要朗读者像上一篇《背影》那样,去推着文字走,去还原字里行间的内在语,去创造性地展示更多更细腻的情感。朗读者只有认真准备稿件,才可能从中得到“独特感受”。

朗读技巧

匆　匆

燕子去了,有再来的时候;杨柳枯了,有再青的时候;桃花谢了,有再开的时候。但是,聪明的^,你告诉我,我们的日子/为什么一去不复返呢?——是有人偷了他们罢:那是谁?又藏在何处呢?是他们自己逃走了罢:现在/又到了哪里呢o?//

我不知道他们给了我多少日子;但我的手/确乎是渐渐空虚了。在默默里算着,八千多日子/已经从我手中溜去;像针尖上一滴水/滴在大海里,我的日子/滴在时间的流里,没有声音,也没有影子。我不禁头涔涔/而泪潸潸了o。

去的尽管去了,来的尽管来着;去来的中间,又怎样地匆匆呢?早上我起来的时候,小屋里射进两三方斜斜的太阳。太阳他有脚啊,轻轻悄悄地挪移了;我也茫茫然跟着旋转。于是——洗手的时候,日子从水盆里过去^;吃饭的时候^,日子从饭碗里过去;默默时,便从凝然的双眼前过去。我觉察他去的匆匆了,伸出手遮挽时^,他又从遮挽着的手边过去,天黑时,我躺在床上,他便伶伶俐俐地/从我身上跨过^,从我脚边飞去了。等我睁开眼/和太阳再见,这算又溜走了一日。我掩着面叹息。但是新来的日子的影儿/又开始在叹息里/闪过了 o。

在逃去如飞的日子里,在千门万户的世界里的我/能做些什么呢 o? 只有徘徊罢了^,只有匆匆罢了;在八千多日的匆匆里^,除徘徊外^,又剩些什么呢? 过去的日子如轻烟,被微风吹散了^,如薄雾,被初阳蒸融了;我留着些什么痕迹呢? 我何曾留着像游丝样的痕迹呢? 我赤裸裸来到这世界,转眼间也将赤裸裸地回去罢? 但不能平的,为什么偏要白白走这一遭啊 o? //

你聪明的,告诉我,我们的日子/为什么一去不复返呢 o?

“/”代表停顿与节奏放慢,“^”代表连接与节奏加快,“ . ”(着重点)代表重音,“o”代表用虚声,“//”代表层次划分。

郑老师领读

(打开微信扫描二维码收听)

郑老师的话

第 1 段的意向较多,如“燕子”“杨柳”“桃花”等,朗读者在朗读时不要把这些意象处理成美好的感觉，而是要读出伤感，3句节奏快慢要有变化。这一段总体节奏较慢，留白较多，是提出问题的阶段，要让听众在这一阶段了解到文章所要表达的困境；提出问题的时候要用虚声，多送气。

第2段的语势稍稍上扬，像是飞机起飞的爬坡阶段，为第3段做铺垫，在节奏的处理上与第1段差别不大，但是在语气的分量上要比第1段强，朗读者在重音的部分要加强语气。

第3段是全文的高潮，作者用非常具体的意向表现出了一种深深的无奈，所以朗读者切不可轻描淡写。此段的语气语调充分加强，不同意象之间的分句要在快慢之间展示出语流的跃动，请大家注意文中的“^”符号，此处“轻轻悄悄”“伶伶俐俐”等词不可处理得欢快，而是要保持悲伤的语气。

第4段中，作者在不停地提出问题，且提出的都是人生的终极命题，而这些又是无解的命题，所以，此段表现出了一种青年人的呐喊与彷徨，朗读者要做到实声为主，虚实结合，问题与问题之间要读出排山倒海之势。“薄雾”当中的“薄”，是一个文白共读词，在口语当中可以念作 báo，而在书面语当中则念作 bó。

第5段要回到以虚声为主，语气要虚实结合，来表现无尽的彷徨。

从宏观上来看，此篇文章的第1、2段顿挫较多、分量较轻、节奏较慢，第3、4段连得较多、分量较重、节奏较快，第5段又回到顿挫较多、分量较轻、节奏较慢的状态。由此可见，语言表达千变万化，无非在“抑扬顿挫，轻重缓急”八字上做文章。

父爱如山

背影(节选)

朱自清

我说道,“爸爸,你走吧。”他往车外看了看,说,“我买几个橘子去。你就在此地,不要走动。”我看那边月台的栅栏外有几个卖东西的等着顾客。走到那边月台,须穿过铁道,须跳下去又爬上去。父亲是一个胖子,走过去自然要费事些。我本来要去的,他不肯,只好让他去。我看见他戴着黑布小帽,穿着黑布大马褂,深青布棉袍,蹒跚地走到铁道边,慢慢探身下去,尚不大难。可是他穿过铁道,要爬上那边月台,就不容易了。他用两手攀着上面,两脚再向上缩;他肥胖的身子向左微倾,显出努力的样子。这时我看见他的背影,我的泪很快地流下来了。我赶紧拭干了泪,怕他看见,也怕别人看见。我再向外看时,他已抱了朱红的橘子往回走了。过铁道时,他先将橘子散放在地上,自己慢慢爬下,再抱起橘子走。到这边时,我赶紧去搀他。他和我走到车上,将橘子一股脑儿放在我的皮大衣上。于是扑扑衣上的泥土,心里很轻松似的,过一会说,“我走了;到那边来信!”我望着他走出去。他走了几步,回过头看见我,说,“进去吧,里边没人。”等他的背影混入来来往往的人里,再找不着了,我便进来坐下,我的眼泪又来了。

备稿六步

1.背景

(1)作者背景

朱自清(1898 年 11 月 22 日—1948 年 8 月 12 日),出生于清末,在扬州度过了童年和少年时代,受父辈士大夫家学影响颇深,形成了“整饬而温和、庄重而矜持”的文人气质。朱自清作为新文学运动初期的代表人物,他的散文具有一种清新明快的特征。1928 年,朱自清出版了第一本散文集《背影》,当中的文字均为其个人真切的见闻和独到的感受,看似平淡朴素,实则饱含深情,对后世的影响很大。

(2)写作背景

1917 年,朱自清父亲朱鸿钧因为荒唐纳妾,引得姨太太们之间争风吃醋,闹得满城风雨,最终丢掉了官职,母亲也因遭此变故而去世。父子二人因此南下奔丧。办完丧事,父子同到南京,父亲送朱自清上火车北去,那年朱自清 20 岁,对父亲之举心有龃龉,那个时代,父子之情有诸多约束,沟通也有诸多不畅,并非时下正常的亲情。文中“我”父亲虽不善言辞,却在细微处让“我”感受到了深刻的父爱。1925 年,因有感于世事,朱自清便写了此文。

2.层次

第一层:第 1—7 句,父亲执意要为“我”买橘子;

第二层:第 8—14 句,父亲帮“我”买橘子的过程;

第三层:第15—20句,父子分别,“我”感动无比。

3.主题

这段文字表达了“我”对父亲送站时无微不至的关怀的感动。

4.目的

这段文字意在彰显父爱如山。

5.重点

第二层。

6.基调

忧伤。

备稿贴士

《背影》这篇文章的出现有一个重要的时代意义,那就是旧道德之下的亲情关系(尤其是父子关系)开始退潮,父子之间最本真的情感开始觉醒,人们开始以“人”的情感来表露自己的真实情感。

在这篇稿件当中,朱自清并没有用特别煽情的语句去描述父亲对自己的爱,而是用了一种白描的手法,虽没有太多华丽的辞藻,情节上也是波澜不惊,但是却充满了内在语,需要朗读者去挖掘和表现。从朗读的角度来说,这种文稿的难度比那些语言上情感浓郁、情节上跌宕起伏的文稿要大很多,因为朗读者在表达后者的时候,有许许多多可以借力之处,可以“顺势而为”,随着稿件内容走,很容易就可以将那些浮于表面的情感表现出来，但诸如《背影》这般白描性质的稿件，更多时候需要朗读者推着稿件走，需要朗读者去挖掘稿件当中的精髓与内涵，这就对朗读者的广义备稿提出了更高的要求。

朗读者若想在朗读的领域有所收获，一定要多多练习此类看似平凡无奇、实则内涵丰富的稿件。朗读者通过朗读此类稿件，一方面可以锤炼语言，另一方面也可以增加人生经验，拓宽情感维度。

朗读技巧

背影(节选)

我说道，“爸爸，你走吧。”他往车外看了看，说，“我买几个橘子去。你就在此地，不要走动。”我看那边月台的栅栏外/有几个卖东西的等着顾客。走到那边月台，须穿过铁道，须跳下去又爬上去。父亲是一个胖子o，走过去自然要费事些。我本来要去的，他不肯，只好让他去。//我看见他戴着黑布小帽^，穿着黑布大马褂^，深青布棉袍，蹒跚地走到铁道边，慢慢探身下去，尚不大难。可是他穿过铁道，要爬上那边月台，就不容易了。他用两手攀着上面，两脚/再向上缩；他肥胖的身子向左微倾，显出努力的样子。这时/我看见他的背影o，我的泪/很快地流下来了。我赶紧拭干了泪，怕他看见，也怕别人看见。我再向外看时，他已抱了朱红的橘子往回走了。过铁道时，他先将橘子散放在地上，自己慢慢爬下^，再抱起橘子走。//到这边时，我赶紧去搀他。他和我走到车上，将橘子一股脑儿放在我的皮大衣上。

于是扑扑衣上的泥土,心里很轻松似的,过一会/说,“我走了o;到那边/来信o!”我望着他走出去。他走了几步,回过头看见我,说,“进去吧,里边没人o。”等他的背影/混入来来往往的人里,再找不着了,我便进来坐下,我的眼泪/又来了o。

“/”代表停顿与节奏放慢,“^”代表连接与节奏加快,“ . ”(着重点)代表重音,“o”代表用虚声,“//”代表层次划分。

郑老师领读

(打开微信扫描二维码收听)

郑老师的话

在朗读本段文字时,朗读者首先要对人物语言进行恰切拿捏,“我”的语言一开始时要表现出一种不耐烦,而父亲的语言在一开始要表现出一种宽容。接下来的一段“白描”文字,朗读者要用虚实结合的方式进行回忆式朗读,读到“胖子”一词的时候，一定要用虚声进行处理，这样可以将这个带有贬义的词读出温情，对重音分寸的把握是一种重要的语言处理方式。第二层中，对于父亲来回上下攀爬等动作的白描，朗读者在表现时都要加强语气。在“这时我看见他的背影”一句中，“背影”一词第一次点题，也是作为全文的制高点出现的，朗读此处时要放慢节奏，“背影”一词前后要有大的停顿，语气要极为浓烈。段落第三层中，父亲说的两句话是画龙点睛之笔。中国人表达自己情感的方式总是含蓄的，对于父亲的这两句话，朗读者不能仅从文字表面意思去理解，而应当读出“我”内心的不舍，表现出不善言辞的父亲对“我”的依依惜别之情，所以，“来信”“没人”两个词语使用虚声进行处理会更为贴切，表达效果也会更好。

总之，《背影》的这段节选文字，本身使用白描的写作手法，朗读者在表达时要切忌平铺直叙，而要赋予它们更多的情感。

黑暗中的呐喊

我的心(节选)

巴　金

这几年来我怀着这颗心走遍了世界,走遍了人心的沙漠,所得到的只是痛苦,和痛苦的创痕。正直在哪里?幸福在哪里?和平在哪里?这一切可怕的景象,哪一天才会看不见?这一切可怕的声音,哪一天才会听不到?这样的悲剧,哪一天才不会再演?一切都像箭一般地射到我的心上。我的心上已经布满了痛苦的创痕。因此我的心痛得更厉害了。我不要这颗心了。有了它,我不能够闭目为盲;有了它,我不能够塞耳为聋;有了它,我不能够吞炭为哑;有了它,我不能够在人群的痛苦中找寻我的幸福;有了它,我不能够和平地生活在这个世界;有了它,我再也不能够生活下去了。妈妈,请你饶了我罢,这颗心我实在不要,不能够要了。

备稿六步

1.背景

(1)作者背景

巴金(1904年11月25日—2005年10月17日),原名李尧棠,四川成都人,著名作家、翻译家、社会活动家、无党派爱国民主人士;代表作有《家》《寒夜》《随想录》等。

(2)写作背景

本文写于 1929 年，当时白话文运动方兴未艾，白话文写作也进入创作蓬勃期，“我手写我口”成为主要的文学创作方式。巴金当时留学归国不久，看到国内经济落后内心痛苦，于是写下了这篇文章。

2.层次

第一层：第 1—7 句，描写作者感受到社会黑暗后的痛苦；

第二层：第 8—11 句，描写作者对于黑暗的恐惧；

第三层：第 12、13 句，描写作者急于挣脱黑暗的心情。

3.主题

本段文字描写了作者对社会黑暗现实的痛苦，以及对于逃离黑暗社会的迫切心情。

4.目的

本段文字意在表现一个有良知的人对于黑暗社会的悲切与无奈之情。

5.重点

第 12 句。

6.基调

沉痛。

备稿贴士

这篇稿件本身跌宕起伏，寓意丰富，是进行语言表达创作的上佳稿件，所以得到了语言表达相关专业的学员或者准学员们在备考、比赛、练习时的钟爱。但是这篇稿件的难度也相当大，朗读者从节选当中应该已经体会到其抑扬顿挫之丰富，如若全篇表达，必须要进行更为细致的谋篇布局，如果读得寡淡无味，就浪费了这么好的文字了。

朗读者要充分进行技巧的布局，就要全面理解《我的心》的寓意，这就需要结合当时的创作背景：巴金 1929 年写就这篇《我的心》时，中国社会正值军阀割据时期，连年混战使社会疾苦不堪，民气低落，整个社会世态炎凉，民众麻木不仁。这些都让一个接受过西方文明的年轻人感到极大的落差，同时又陷入深深的无奈：社会是“无良”的，而你一旦“有良”，就会让自己整日困苦不堪。只有理解了作者的这份困苦与无奈，朗读者才能真正把握住这篇文章的基调，进行合理的技巧布局。

朗读技巧

我的心(节选)

这几年来ｏ我怀着这颗心走遍了世界，走遍了人心的沙漠，所得到的只是痛苦^，和痛苦的创痕。正直在哪里？幸福在哪里？^和平/在哪里？这一切可怕的景象^，哪一天才会看不见？这一切可怕的声音^，哪一天才会听不到？这样的悲剧，哪一天/才不会再演？//一切都像箭一般地射到我的心上。我的心上已经布满了痛苦的创痕。因此我的心痛得更厉害了^。我不要这颗心了。//有了它，我不能够闭目为盲；有了它，我不能够塞耳为聋；有了它^，我不能够吞炭为哑^；有了它^，我不能够在人群的痛苦中找寻我的幸福^;有了它,我不能够和平地生活在这个世界;有了它,我再也不能够生活下去了。妈妈,请你饶了我罢,这颗心我实在不要^,不能够要了。

“/”代表停顿与节奏放慢,“^”代表连接与节奏加快,“ . ”(着重点)代表重音,“o”代表用虚声,“//”代表层次划分。

郑老师领读

(打开微信扫描二维码收听)

郑老师的话

这段文字以排比为主要的修辞手法,通过排比直抒胸臆,同时也体现出一种力量。所以,技巧的运用主要体现在节奏的变化上。从第2—4句这三个问句开始,节奏变化就开始快→快→停→慢这样的回环往复。第5—7三句的节奏变化同上。第8—11句要用沉痛的语气将重音进行着力表达,以体现作者当时内心的挣扎。第12句是全文的制高点,也是最大的难点,6个排比句连在一起,需要朗读者进行缜密的节奏变化——前两句以匀速的方式进行表达,第3句开始渐快,第4、5句开始要不断提速,中间无气口,直至在第 6 句的“有了它”处停顿,然后以沉痛而缓慢的方式读出最后半句。这样的节奏变化对于基本功的要求非常高,需要朗读者有非常充足的气息作为支撑,同时要有很好的吐字能力,做到快中有稳,切忌为了速度而使咬字模糊甚至出错。最后一句中的两个“不”字,要将情绪渲染至最浓,从而体现出作者内心的痛苦。

静夜中的沉思

繁星(节选)

巴 金

我爱月夜,但我也爱星天。从前在家乡,七、八月的夜晚,在庭院里纳凉的时候,我最爱看天上密密麻麻的繁星。望着星天,我就会忘记一切,仿佛回到了母亲的怀里似的。

三年前在南京,我住的地方有一道后门,每晚我打开后门,便看见一个静寂的夜。下面是一片菜园,上面是星群密布的蓝天。星光在我们的肉眼里虽然微小,然而它使我们觉得光明无处不在。那时候我正在读一些关于天文学的书,也认得一些星星,好像它们就是我的朋友,它们常常在和我谈话一样。

如今在海上,每晚和繁星相对,我把它们认得很熟了。我躺在舱面上,仰望天空。深蓝色的天空里悬着无数半明半昧的星。船在动,星也在动,它们是这样低,真是摇摇欲坠呢!渐渐地我的眼睛模糊了,我好像看见无数萤火虫在我的周围飞舞。海上的夜是柔和的,是静寂的,是梦幻的。我望着那许多认识的星,我仿佛看见它们在对我霎眼,我仿佛听见它们在小声说话。这时我忘记了一切。在星的怀抱中我微笑着,我沉睡着。我觉得自己是一个小孩子,现在睡在母亲的怀里了。

备稿六步

1.背景

(1)作者背景

巴金(1904 年 11 月 25 日—2005 年 10 月 17 日),原名李尧棠,四川成都人,著名作家、翻译家、社会活动家、无党派爱国民主人士;代表作有《家》《寒夜》《随想录》等。

(2)写作背景

本文写于 1927 年 1 月作者赴法留学途中,当时他乘船需一月有余才能抵达巴黎,所以途中撰写了《海行杂记》38 则,《繁星》是其中的一篇。

2.层次

第一层:第 1 段,表达作者对星空的热爱;

第二层:第 2 段,描写作者对于在国内时星空的美好回忆;

第三层:第 3 段,描写海上星空的柔美动人。

3.主题

这段节选描写了星空的美好。

4.目的

这段节选意在表达对于母亲的无尽思念。

5.重点

第 3 段。

6.基调

柔和,安静。

备稿贴士

这篇文章入选了九年义务教育语文课本,同时也是普通话水平测试中的考试内容,足以证明这篇文章的经典。这篇文章表面在写自然风光的美好,实际上则表达了作者对于亲情的思念以及离开祖国的淡淡惆怅。朗读者在朗读之前,要充分理解一位年轻游子(当时巴金23岁)独自去异国他乡求学的心路历程,要准确理解文中多次提到的“母亲的怀里”与漫天繁星之间的关联。文章的3个段落分别描写了作者在不同时间、地点观看繁星的情景:小时候在家里看繁星,朗读者要读出一份新奇;后来在南京看繁星,当时作者刚刚从封建大家庭中挣脱出来,朗读者要读出一份开阔;而第3次看繁星是在海上,作者远离祖国和亲人,心中不免思念,因此要读出一份柔情。朗读者要通过自己的语言,恰到好处地读出时间与空间的变化,要让听众有一种身临其境的感觉。

《繁星》与上一篇作品《我的心》,分别写于巴金先生出国前与归国后两个不同的人生阶段,朗读者在朗读时要能通过作者的文字,感受其心性的变化。

朗读技巧

繁星(节选)

我爱月夜,但我也爱星天。从前在家乡,七、八月的夜晚^,

在庭院里纳凉的时候,我最爱看天上密密麻麻的繁星。望着星天,我就会忘记一切,仿佛回到了母亲的怀里似的 o。//

三年前/在南京^,我住的地方/有一道后门,每晚我打开后门,便看见一个静寂的夜。下面/是一片菜园,上面/是星群密布的蓝天。星光在我们的肉眼里虽然微小,然而它使我们觉得光明无处不在。那时候/我正在读一些关于天文学的书^,也认得一些星星,好像它们就是我的朋友^,它们常常在和我谈话一样。//

如今在海上,每晚和繁星相对,我把它们认得很熟了。我躺在舱面上,仰望天空。深蓝色的天空里/悬着无数半明半昧的星。船在动,星也在动,它们是这样低^,真是/摇摇欲坠呢 o!渐渐地/我的眼睛模糊了,我好像看见无数萤火虫/在我的周围飞舞 o。海上的夜/是柔和的 o,是静寂的^o,是梦幻的 o。我望着那许多认识的星,我仿佛看见它们在对我霎眼,我仿佛听见它们在小声说话 o。这时我忘记了一切 o。在星的怀抱中/我微笑着,我沉睡着 o。我觉得自己是一个小孩子,现在睡在母亲的怀里了 o。

“/”代表停顿与节奏放慢,“^”代表连接与节奏加快,“ . ”(着重点)代表重音,“o”代表用虚声,“//”代表层次划分。

郑老师领读

(打开微信扫描二维码收听)

郑老师的话

这篇文章在技巧处理上，一定要秉持虚声为主、虚实结合的总原则，尤其是第3段，这段是全文的重点段落与制高点所在。这一段写了作者在赴法途中所看到的海上奇观，又值夜晚，一种梦幻奇妙的感觉洋溢在字里行间，所以朗读者的语气也应同样充满梦幻。请大家特别留意该段中“o”这个代表虚声的符号，朗读者到这里就要在重点词语上送气更多些，以便将抒情色彩表现出来，同时，朗读者还要注意整体语气的亲切柔和，整个节奏的缓慢流畅。

这种写景的文章，由于本身没有曲折的情节，容易在朗读的时候流于平淡，所以朗读者在朗读的同时，一定要在大脑当中做到更具体的“情景再现”，以便将自己看到的画面以及看到这样画面产生的情感传递给听众，将看似平淡如水的文字读得色彩斑斓。

大美北京

故都的秋(节选)

郁达夫

不逢北国之秋,已将近十余年了。在南方每年到了秋天,总要想起陶然亭的芦花,钓鱼台的柳影,西山的虫唱,玉泉的夜月,潭柘寺的钟声。在北平即使不出门去吧,就是在皇城人海之中,租人家一椽破屋来住着,早晨起来,泡一碗浓茶,向院子一坐,你也能看得到很高很高的碧绿的天色,听得到青天下驯鸽的飞声。从槐树叶底,朝东细数着一丝一丝漏下来的日光,或在破壁腰中,静对着像喇叭似的牵牛花的蓝朵,自然而然地也能够感觉到十分的秋意。说到了牵牛花,我以为以蓝色或白色者为佳,紫黑色次之,淡红色最下。最好,还要在牵牛花底,叫长着几根疏疏落落的尖细且长的秋草,使作陪衬。

备稿六步

1.背景

(1)作者背景

郁达夫(1896 年 12 月 7 日–1945 年 9 月 17 日),浙江富阳人,2 岁丧父,与母亲艰难度日,后考取日本公费留学,在日期间厌恶日本倒行逆施,立志救国图存。一生情史波折,也因此辗转东南亚以笔为枪,成为抗日志士,在印度尼西亚为日军所害。解放后被人民政府追认为烈士。

(2)写作背景

《故都的秋》创作于1934年8月17日。当时,郁达夫在北京逗留了四天,在此期间写就此文。1931年“九·一八”事变之后,东北失守,日军继续蚕食华北土地,当时的北平正处于风雨飘摇当中。

2.层次

第一层:第1、2句,表现对北平秋季的怀念;

第二层:第3,4句,描写北平独特的秋景。

第三层:第5、6句,描写牵牛花中蕴藏的秋意。

3.主题

这段节选表达了作者对北平的怀念。

4.目的

这段节选竟在抒发作者强烈的爱国主义情怀。

5.重点

第一层。

6.基调

深沉,怀念。

备稿贴士

郁达夫一生50余年,其实在北平生活时间并不算长,拼凑在一起不满两年的时间。北平,即北京,民国时期首都定在南京,故改称为北平。郁达夫第一次到北平时还是其在日本留学期间,奉大哥之命回国考公务员,结果在准备非常充分的情况下,两次考试都因为政治外力而名落孙山,遂对当时中国官僚体系之腐败有了认识。第二次来北平,是因为其第一部白话文作品在出版之后广受非议,但周作人力挺其作品,他为了感谢周作人,专门前往北平拜访,结果还因此结交了周作人的哥哥鲁迅先生,并结下了深厚的友谊。第三次来到北平,是他帮助朋友到北京大学代上统计学的课程,这是郁达夫在北平呆的时间最长的一次,有将近一年的时间,他也因此而经历了北平的四季,他对北平的情感主要是在此期间产生的。后长子龙儿在北平去世,成为郁达夫心中的痛。应当说,北平承载了郁达夫的爱恨情仇。

朗读者在备稿时,不能忽略一个重要的时代背景,那就是郁达夫在写作此文时,北平已经在日本人的刀尖之下风雨飘摇,随时都有沦陷的可能,这对于当时或者现在的中国人来说,都是一个难以逃避的巨大的心理阴影。所以,《故都的秋》这篇文章其实充满了爱国主义情怀,作者怀念故都,同时也是在怀念故国,所以对于这段文字的朗读,朗读者不能仅仅停留在温暖的思念层面,而应该带有更多深沉的怀念。

朗读技巧

故都的秋(节选)

不逢北国之秋,已将近十余年了。在南方/每年到了秋天,总要想起/陶然亭的芦花,钓鱼台的柳影,西山的虫唱^,玉泉的夜月^,潭柘寺的钟声。//在北平/即使不出门去吧,就是在皇城人海之中^,租人家一椽破屋来住着,早晨起来,泡一碗浓茶^,向院子一坐,你也能看得到很高很高的/碧绿的天色,听得到青天下驯鸽的飞声。从槐树叶底^,朝东细数着/一丝一丝漏下来的日光,或在破壁腰中,静对着/像喇叭似的牵牛花的蓝朵,自然而然地也能够感觉到/十分的秋意。//说到了牵牛花,我以为以蓝色或白色者为佳,紫黑色次之^,淡红色最下。最好,还要在牵牛花底^,叫长着几根疏疏落落的尖细且长的秋草,使作陪衬o。

“/”代表停顿与节奏放慢,“^”代表连接与节奏加快,“ . ”(着重点)代表重音,“o”代表用虚声,“//”代表层次划分。

郑老师领读

(打开微信扫描二维码收听)

郑老师的话

朗读这段文字时候,朗读者首先需要做到很好的情景再现,这是一种由宏观到微观的细节描述,类似于电影镜头的切换。无论你是否来过北京,都要对深秋时节北京的静美做一种想象,这种静美中透出的是一种从容、淡泊,这就使朗读者在朗读这段文字时,整个节奏是较为缓慢的。这段文字的特殊之处在于,它的重点层次是一开篇的前两句话,而文中应有的那种深切、深沉的怀念之情主要在这里体现,第二句要做到连多而停少,节奏变化要丰富,切忌一句一顿,这里对朗读者气息的要求较高。而第二、三层次中所描写的自然风光,给人一种活泼俏皮的感觉,此处朗读者的语气就可以较之前更为轻松活泼些。

《故都的秋》全文较长,这里节选的是文中比较经典的一个段落,感兴趣的朋友可以找来全篇进行朗读。

让暴风雨来得更猛烈些吧

海 燕

〔苏联〕高尔基

在苍茫的大海上，狂风卷集着乌云。在乌云和大海之间，海燕像黑色的闪电，高傲地飞翔。

一会儿翅膀碰着波浪，一会儿箭一般地直冲向乌云，它叫喊着，——就在这鸟儿勇敢的叫喊声里，乌云听出了欢乐。

在这叫喊声里——充满着对暴风雨的渴望！在这叫喊声里，乌云听出了愤怒的力量、热情的火焰和胜利的信心。

海鸥在暴风雨来临之前呻吟着，——呻吟着，它们在大海上飞窜，想把自己对暴风雨的恐惧，掩藏到大海深处。

海鸭也在呻吟着，——它们这些海鸭啊，享受不了生活的战斗的欢乐：轰隆隆的雷声就把它们吓坏了。

蠢笨的企鹅，胆怯地把肥胖的身体躲藏到悬崖底下……只有那高傲的海燕，勇敢地，自由自在地，在泛起白沫的大海上飞翔！

乌云越来越暗，越来越低，向海面直压下来，而波浪一边歌唱，一边冲向高空，去迎接那雷声。

雷声轰响。波浪在愤怒的飞沫中呼叫，跟狂风争鸣。看吧，狂风紧紧抱起一层层巨浪，恶狠狠地把它们甩到悬崖上，把这些大块的翡翠摔成尘雾和碎末。

海燕叫喊着，飞翔着，像黑色的闪电，箭一般地穿过乌云，翅膀掠起波浪的飞沫。

看吧，它飞舞着，像个精灵，——高傲的、黑色的暴风雨的精灵，——它在大笑，它又在号叫……它笑那些乌云，它因为欢乐而号叫！

这个敏感的精灵，——它从雷声的震怒里，早就听出了困乏，它深信，乌云遮不住太阳，——是的，遮不住的！

狂风吼叫……雷声轰响……

一堆堆乌云，像青色的火焰，在无底的大海上燃烧。大海抓住闪电的剑光，把它们熄灭在自己的深渊里。这些闪电的影子，活像一条条火蛇，在大海里蜿蜒游动，一晃就消失了。

——暴风雨！暴风雨就要来啦！

这是勇敢的海燕，在怒吼的大海上，在闪电中间，高傲地飞翔；这是胜利的预言家在叫喊：

——让暴风雨来得更猛烈些吧！

备稿六步

1.背景

(1)作者背景

高尔基(1868年3月28日—1936年6月18日)，全名为玛克西姆·高尔基(Maxim Gorky)，苏联无产阶级作家，是俄国无产阶级文学的奠基人。

(2)写作背景

《海燕》又名《海燕之歌》，是高尔基作品《春天的旋律》末尾的一章。这篇散文写于1901年3月，用象征手法表现革命到来之前的俄国社会形势。由于19世纪欧洲爆发的工业危机很快就蔓延到了俄国,在1900年到1903年的危机年代里,俄国倒闭了3 000多家大小企业,被开除的工人达10万多人。工业危机和失业痛苦并未能迫使工人运动停止,也未能把它减弱,相反,工人开始从经济罢工转向游行示威,提出民主自由的政治要求,提出"打倒沙皇专制"的政治口号,这些使得工人斗争更加带有革命性质。《春天的旋律》中有很多革命的成分以抵制当时的沙皇统治,文章发表后高尔基被流放。

2.层次

第一层:第1—3段,表现象征无产阶级革命者的海燕的英勇;

第二层:第4—6段,表现象征各种有产阶级的海鸥、海鸭、企鹅的懦弱;

第三层:第7、8段,表现各种反动统治势力的嚣张与镇压;

第四层:第9—11段,表现象征无产阶级革命者的海燕的无畏抗争;

第五层:第12、13段,表现统治阶级的凶恶反扑;

第六层:第14—16段,革命者发出必胜的宣言,也表达出革命者乐观的革命精神。

3.主题

这篇文章反映了反动统治者的暴虐、有产者的懦弱和革命者的英勇,也表达了作者坚信革命必胜的信念。

4.目的

这篇文章意在鼓舞革命者将斗争进行到底。

5.重点

第六层。

6.基调

热烈,高亢。

备稿贴士

高尔基的《海燕》应该是中国人最熟悉的外国文章之一,文中这句“让暴风雨来得更猛烈些吧”,是许多人的座右铭。高尔基,这位中国人耳熟能详的俄国文学家,曾对中国的汉语大加赞赏,他曾说:“只有优美的歌声才能和中国的汉语相媲美。”

这篇《海燕》是在以列宁为主的布尔什维克推翻沙皇的统治前夕写的,用来鼓励革命战士的战斗热情,具有革命浪漫主义的典型特征。这篇《海燕》是《春天的旋律》的最后一章,在《海燕》之前,还有许多动物形象,比如乌鸦、麻雀、绵羊等,作者用这些动物形象来象征俄国革命到来前夕,俄国各个阶层的人及他们面对革命的态度。在整篇《春天的旋律》中,高尔基非常鲜明地对无产阶级进行赞美,对有产阶级进行批判。

朗读技巧

海　燕

在/苍茫的大海上,狂风卷集着乌云。在乌云和大海之间^,

海燕像黑色的闪电^，高傲地飞翔。

一会儿/翅膀碰着波浪，一会儿箭一般地直冲向乌云，它叫喊着，——就在这鸟儿勇敢的叫喊声里，乌云/听出了欢乐。

在这叫喊声里——充满着对暴风雨的渴望！^在这叫喊声里，^乌云听出了愤怒的力量、热情的火焰和胜利的信心。//

海鸥在暴风雨来临之前呻吟着，——呻吟着，它们在大海上飞窜，想把自己对暴风雨的恐惧，掩藏到大海深处。

海鸭也在呻吟着，——它们这些海鸭啊，享受不了生活的战斗的欢乐：轰隆隆的雷声/就把它们吓坏了。

蠢笨的企鹅，胆怯地把肥胖的身体躲藏到悬崖底下……只有那高傲的海燕^，勇敢地^，自由自在地^，在泛起白沫的大海上/飞翔！//

乌云越来越暗，越来越低o，向海面直压下来，而波浪一边歌唱，一边冲向高空，去迎接那雷声。

雷声轰响。^波浪在愤怒的飞沫中呼叫，^跟狂风争鸣。看吧，狂风紧紧抱起一层层巨浪，恶狠狠地把它们甩到悬崖上，把这些大块的翡翠摔成尘雾/和碎末o。//

海燕叫喊着，飞翔着，^像黑色的闪电，^箭一般地穿过乌云，^翅膀掠起波浪的飞沫。

看吧，它飞舞着^，像个精灵，——高傲的、黑色的暴风雨的精灵，——它在大笑，它又在号叫……它笑那些乌云，它因为欢乐而号叫！

这个敏感的精灵，——它从雷声的震怒里，早就听出了困乏，它深信，乌云遮不住太阳，——是的o，遮不住的！//

狂风吼叫……雷声轰响……

一堆堆乌云^,像青色的火焰^,在无底的大海上燃烧。大海/抓住闪电的剑光,把它们熄灭在自己的深渊里。这些闪电的影子,活像一条条火蛇,在大海里蜿蜒游动,一晃/就消失了o。//

——暴风雨!暴风雨就要来啦!

这是勇敢的海燕^,在怒吼的大海上^,在闪电中间^,高傲地飞翔;这是胜利的预言家在叫喊:

——让暴风雨/来得更猛烈些吧!

“/”代表停顿与节奏放慢,“^”代表连接与节奏加快,“ . ”(着重点)代表重音,“o”代表用虚声,“//”代表层次划分。

郑老师领读

(打开微信扫描二维码收听)

郑老师的话

这是一篇非常适合舞台朗诵的文稿,难度很大,要求朗读者在声音的处理上要非常精细。此文基调热烈而高亢,声音总体以实声为主,强而有力,虚声较少且更多用在一些负面情感的表达上。

在朗读中，朗读者特别要注意在处理不同动物形象时语气的拿捏：在朗读有关海燕的语句时，语气要坚定、乐观；在处理海鸥、海鸭、企鹅等懦弱的有产阶级语句时，语气要表现出一种轻蔑与不屑，这些情绪的处理需要运用虚声；在处理雷声、乌云、闪电等象征反动统治阶级的语句时，语气要透出一种恐怖，同样在实声中夹杂虚声；在最后一个层次的高潮部分，整体语气和节奏都要不断加强，直至最后达到最高点。

第三章

小说（节选）朗读技巧分析

荒诞的精神胜利法

阿Q正传(节选)

鲁　迅

阿Q“先前阔”，见识高，而且“真能做”，本来几乎是一个“完人”了，但可惜他体质上还有一些缺点。最恼人的是在他头皮上，颇有几处不知于何时的癞疮疤。这虽然也在他身上，而看阿Q的意思，倒也似乎以为不足贵的，因为他讳说“癞”以及一切近于“赖”的音，后来推而广之，“光”也讳，“亮”也讳，再后来，连“灯”“烛”都讳了。一犯讳，不问有心与无心，阿Q便全疤通红的发起怒来，估量了对手，口讷的他便骂，气力小的他便打；然而不知怎么一回事，总还是阿Q吃亏的时候多。

于是他渐渐的变换了方针，大抵改为怒目而视了。谁知道阿Q采用怒目主义之后，未庄的闲人们便愈喜欢玩笑他。一见面，他们便假作吃惊的说：“哙，亮起来了。”阿Q照例的发了怒，他怒目而视了。“原来有保险灯在这里！”他们并不怕。阿Q没有法，只得另外想出报复的话来：“你还不配……”这时候，又仿佛在他头上的是一种高尚的光容的癞头疮，并非平常的癞头疮了；但上文说过，阿Q是有见识的，他立刻知道和“犯忌”有点抵触，便不再往底下说。

闲人还不完，只撩他，于是终而至于打。阿Q在形式上打败了，被人揪住黄辫子，在壁上碰了四五个响头，闲人这才心满意足的得胜的走了，阿Q站了一刻，心里想，“我总算被儿子打了,现在的世界真不像样……”于是也心满意足的得胜的走了。

阿 Q 想在心里的,后来每每说出口来,所以凡是和阿 Q 玩笑的人们,几乎全知道他有这一种精神的胜利法,此后每逢揪住他黄辫子的时候,人就先一着对他说:“阿 Q,这不是儿子打老子,是人打畜生。自己说:人打畜生!”阿 Q 两只手都捏住了自己的辫根,歪着头,说道:“打虫豸,好不好?我是虫豸——还不放么?”

但虽然是虫豸,闲人也并不放,仍旧在就近什么地方给他碰了五六个响头,这才心满意足的得胜的走了,他以为阿 Q 这回可遭了瘟。然而不到十秒钟,阿 Q 也心满意足的得胜的走了,他觉得他是第一个能够自轻自贱的人,除了“自轻自贱”不算外,余下的就是“第一个”。状元不也是“第一个”么?“你算是什么东西”呢!?阿 Q 以如是等等妙法克服怨敌之后,便愉快的跑到酒店里喝几碗酒,又和别人调笑一通,口角一通,又得了胜,愉快的回到土谷祠,放倒头睡着了。

备稿六步

1.背景

(1)作者背景

鲁迅(1881 年 9 月 25 日—1936 年 10 月 19 日),浙江绍兴人,原名周树人,“鲁迅”是其写作《狂人日记》时所用的笔名,也是影响最广泛的笔名;著名文学家、思想家,新文化运动的重要参与者,中国现代文学的奠基人。

(2)写作背景

《阿 Q 正传》创作于 1921 年,以辛亥革命前后的农村为背景,描写未庄流浪雇农阿Q的“荒诞”人生。全文以当时人们的劣根性为参照,阿Q所代表的恰是那个时代的普罗大众。

2.层次

第一层:第1段,描写阿Q最怕别人提及的短处;

第二层:第2、3段,描写阿Q落于下风的处境;

第三层,第4、5段,描写阿Q的精神胜利法。

3.主题

鲁迅先生笔下的这篇文章描写了阿Q所谓的“精神胜利法”的荒诞,以及底层劳动者之间的互相践踏。

4.目的

这段文字意在表现当时民众的麻木、冷漠,底层人民夹缝中求生的处境,同时也赤裸裸地揭露了国民劣根性。

5.重点

人物的语言。

6.基调

戏谑,诙谐。

备稿贴士

《阿Q正传》是鲁迅先生最为脍炙人口的作品之一,阿Q也是最为中国人所熟知的小说人物之一,此段节选正是描写阿Q最为著名的“精神胜利法”的诞生过程。“精神胜利法”所反映的是当时的中国从国家到普通民众普遍存在的一种劣根性——遇见强者,不敢反抗,努力用一些中庸的措辞来粉饰自己的怯懦,来挽回一些颜面,聊以自慰;而一旦拥有了权力,看见别人奈何他不得,或者有多数人一起作恶的时候,便是凶残横恣,宛然一个暴君,做事并不中庸。朗读者要理解鲁迅先生在写作《阿Q正传》时那种戏谑与调侃背后所揭露的中国社会血淋淋的人吃人的事实,这样才能更合理地把握全文的基调。笔者接下来还会讲到鲁迅作品当中的孔乙己、祥林嫂等人物,他们莫不是如阿Q一般的底层人物,但却各有劣根性表现,让人感觉可怜之人必有可恨之处。朗读者只有将人物的社会性进行更好地理解和把握,在进行语言表达的时候才能够有深度、有层次,才能最大限度地将稿件的核心意思表现出来。

朗读技巧

阿Q正传(节选)

阿Q“先前阔”,见识高,而且“真能做”,本来几乎是一个“完人”了,但可惜他体质上还有一些缺点。最恼人的/是在他头皮上,颇有几处/不知于何时的癞疮疤。这虽然也在他身上,而看阿Q的意思^,倒也似乎以为不足贵的,因为他讳说“癞”以及一切近于“赖”的音,后来推而广之,“光”也讳^,“亮”也讳,再后来,连“灯”“烛”/都讳了。一犯讳,不问有心与无心,阿Q便全疤通红的发起怒来,估量了对手,口讷的他便骂,气力小的他便打;然而不知怎么一回事,总还是阿Q/吃亏的时候多。//

于是他渐渐的变换了方针,大抵改为怒目而视了。谁知道/阿Q采用怒目主义之后,未庄的闲人们/便愈喜欢玩笑他。一见面，他们便假作吃惊的说："哈，亮起来了。"阿Q照例的发了怒，他怒目而视了。"原来有保险灯在这里！"他们并不怕。阿Q没有法，只得另外想出报复的话来："你还不配……"这时候，又仿佛在他头上的/是一种高尚的光容的癞头疮，并非平常的癞头疮了；但上文说过，阿Q是有见识的，他立刻知道和"犯忌"有点抵触，便不再/往底下说。

闲人还不完，只撩他，于是终而至于打。阿Q在形式上打败了，被人揪住黄辫子，在壁上碰了四五个响头，闲人这才心满意足的/得胜的走了，阿Q站了一刻，心里想，"我总算被儿子打了，现在的世界真不像样……"于是也心满意足的得胜的走了。//

阿Q想在心里的，后来每每说出口来，所以凡是和阿Q玩笑的人们^，几乎全知道/他有这一种精神的胜利法，此后每逢揪住他黄辫子的时候^，人就先一着对他说："阿Q，这不是儿子打老子，是人打畜生。自己说：人打畜生！"阿Q两只手都捏住了自己的辫根，歪着头^，说道："打虫豸^，好不好？我是虫豸——还不放么？"

但虽然是虫豸，闲人也并不放，仍旧在就近什么地方/给他碰了五六个响头，这才心满意足的得胜的走了，他以为阿Q这回可遭了瘟。然而不到十秒钟，阿Q也心满意足的得胜的走了，他觉得他是第一个能够自轻自贱的人，除了"自轻自贱"不算外，余下的/就是"第一个"。状元不也是"第一个"么？"你算是什么东西"呢！？阿Q以如是等等妙法/克服怨敌之后，便愉快的跑到酒店里/喝几碗酒，又和别人调笑一通^，口角一通，又得了胜，愉快的回到土谷祠，放倒头/睡着了。

“/”代表停顿与节奏放慢,“^”代表连接与节奏加快,“ . ”(着重点)代表重音,“o”代表用虚声,“//”代表层次划分。

郑老师领读

(打开微信扫描二维码收听)

郑老师的话

朗读者在表达这段文字的时候,首先要处理好“戏谑”这一基本基调。所谓“戏谑”,既不能让人感觉刻薄,因为刻薄的语言会让人反感,又不能让人感觉严肃,因为严肃的语言无法体现该段的精髓,而应让人感觉出朗读者是在善意地开玩笑,所以,朗读者要把握好语言的分寸。

朗读者在朗读这段节选时总体以实声为主,精彩之处在于每段的“人物语言”;要注意处理好人物语言与旁白之间的区别,两者之间应有一个明显的区分;在读人物语言的时候,既不能完全以演的方式去体现角色,也不能平铺直叙地见字出声,而是要以追求“神似而非形似”的状态进行表达,语气应当是强烈饱满的,是能够直接体现人物性格的,但不需要为了模仿此类人物而专门为其设计一种另类的腔调。

吃人的礼教

祝福(节选)

鲁　迅

那是下午,我到镇的东头访过一个朋友,走出来,就在河边遇见她;而且见她瞪着的眼睛的视线,就知道明明是向我走来的。我这回在鲁镇所见的人们中,改变之大,可以说无过于她的了:之前的花白的头发,即今已经全白,全不像四十上下的人;脸上瘦削(xuē)不堪,黄中带黑,而且消尽了先前悲哀的神色,仿佛是木刻似的;只有那眼珠间或一轮,还可以表示她是一个活物。她一手提着竹篮。内中一个破碗,空的;一手拄着一支比她更长的竹竿,下端开了裂:她分明已经纯乎是一个乞丐了。

我就站住,预备她来讨钱。

"你回来了?"她先这样问。

"是的。"

"这正好。你是识字的,又是出门人,见识得多。我正要问你一件事——"她那没有精采的眼睛忽然发光了。

我万料不到她却说出这样的话来,诧异的站着。

"就是——"她走近两步,放低了声音,极秘密似的切切的说,"一个人死了之后,究竟有没有魂灵的?"

我很悚然,一见她的眼盯着我的,背上也就遭了芒刺一般,比在学校里遇到不及防的临时考,教师又偏是站在身旁的时候,惶急得多了。对于魂灵的有无,我自己是向来毫不介意的;但在此刻,怎样回答她好呢?我在极短期的踌躇中,想,这里的人照例相信鬼,然而她,却疑惑了,——或者不如说希望:希望其有,又希望其无……,人何必增添末路的人的苦恼,一为她起见,不如说有罢。

“也许有罢,——我想。”我于是吞吞吐吐的说。

“那么,也就有地狱了?”

“阿!地狱?”我很吃惊,只得支梧着,“地狱?——论理,就该也有。——然而也未必,……谁来管这等事……。”

“那么,死掉的一家的人,都能见面的?”

“唉唉,见面不见面呢?……”这时我已知道自己也还是完全一个愚人,什么踌躕,什么计画,都挡不住三句问,我即刻胆怯起来了,便想全翻过先前的话来,“那是,……实在,我说不清……。其实,究竟有没有魂灵,我也说不清。”

我乘她不再紧接的问,迈开步便走,匆匆的逃回四叔的家中,心里很觉得不安逸。

备稿六步

1.背景

(1)作者背景

鲁迅(1881年9月25日—1936年10月19日),浙江绍兴人,原名周树人,“鲁迅”是其在写作《狂人日记》时所用的笔名,也是影响最广泛的笔名;著名文学家、思想家,新文化运动的重要参与者,中国现代文学奠基人。

(2)写作背景

《祝福》一文写于1924年,当时虽然封建帝制已被推翻,但是缠绕中国上千年的封建礼教与封建思想仍旧在社会底层占据统治地位，牢牢钳制着人们的生活和思想，而破除这种“吃人”的礼教，成为鲁迅终生为之奋斗的事业。这篇《祝福》就是在这样的时代背景之下创作出来的。

2.层次

第一层：第 1 段，描述祥林嫂凄惨的现状；

第二层：第 2—7 段，描写祥林嫂向“我”问询灵魂的有无；

第三层：第 8—13 段，描写“我”对于灵魂有无支支吾吾却略带肯定的回答；

第四层：第 14 段，描写“我”落荒而逃。

3.主题

这段节选表现的是当时底层民众的无知及知识分子的麻木。

4.目的

这段节选意在揭露封建礼教的可怖。

5.重点

第 11 段。

6.基调

阴郁，诡谲。

备稿贴士

这篇《祝福》被收录进《鲁迅全集》第二卷，全文以一个离开乡村故乡、外出求学的知识分子“我”为第一视角，讲述了在旧历年底“我”在回到故乡后住在本家四叔(鲁四老爷)家里准备过“祝福”(民间祭祀活动)时,因为一场偶然的对话,而使四叔家先前的女仆祥林嫂猝死的故事。全文基调非常阴沉,让人处处感到窒息。祥林嫂是一个普通的乡村农妇,年轻时在夫家任劳任怨,但丈夫早亡,她便偷偷出逃,来到鲁四老爷家打工,度过了短暂的自由、愉悦的时光,却在某天突然被婆家人抢回,被卖给贺家为妻。新的丈夫贺老六是个朴实的农民,两人一起生活后生下儿子阿毛,但贺老六不久又因病早亡,儿子阿毛也因为意外而夭折。祥林嫂在经历了人生的双重惨剧之后,再次回到鲁四老爷家打工,但是非但不被同情,还受尽冷眼与嘲笑。同为底层帮佣的柳妈在一次与祥林嫂的对话中,不怀好意地用“阴间地狱”的说辞恫吓祥林嫂,说“嫁过两个男人的女人会在阴间被劈成两半”,这个说辞成了愚昧无知且孱弱无能的祥林嫂余生的梦魇。所以才有了在小说刚开始的时候,风烛残年的祥林嫂向“我”这个读书人问询世间是否有“灵魂和地狱”的存在,被我支支吾吾却略带肯定的答复吓破了胆,最后当夜猝死。

我们所朗读的这部分文字正是我与祥林嫂交谈的过程。这段文字表现出了那个时代的世态炎凉。一种恐怖的对话氛围,表现出代表社会底层的祥林嫂的懦弱无知以及代表当时小知识分子的“我”的麻木茫然。

任何一个时代,都有祥林嫂,也都有迫害祥林嫂的人们。

朗读技巧

祝福(节选)

那是下午,我到镇的东头/访过一个朋友,走出来^,就在河边遇见她;而且见她瞪着的眼睛的视线,就知道/明明是向我走来的。我这回在鲁镇所见的人们中^,改变之大,可以说无过于她的了:之前的花白的头发,即今/已经全白,全不像四十上下的人;脸上瘦削(xuē)不堪^,黄中带黑,而且/消尽了先前悲哀的神色,仿佛是木刻似的;只有那眼珠/间或一轮,还可以表示她是一个活物。她一手提着竹篮。内中一个破碗,空的;一手/拄着一支/比她更长的竹竿,下端开了裂:她分明/已经纯乎是一个乞丐了o。//

我就站住,预备她来讨钱。

"你回来了?"她先这样问。

"是的。"

"这正好。你是识字的,又是出门人,见识得多。我正要问你一件事——"她那没有精采的眼睛/忽然发光了。

我万料不到/她却说出这样的话来,诧异的站着。

"就是——"她走近两步,放低了声音,极秘密似的/切切的说,"一个人死了之后,究竟有没有/魂灵的?"//

我很悚然,一见她的眼盯着我的,背上也就遭了芒刺一般,比在学校里遇到不及防的临时考,教师/又偏是站在身旁的时候,惶急得多了。对于魂灵的有无,我自己是向来/毫不介意的;但在此刻,怎样回答她好呢?我在极短期的踌躇中,想,这里的人/照例相信鬼,然而她,却疑惑了,——或者不如说希望:希望其有^,又希望其无……,人何必增添末路的人的苦恼,一为她起见^,不如说有罢。

“也许/有罢o,——我想。”我于是吞吞吐吐的说。

“那么,也就有地狱了?”

“阿!地狱?”我很吃惊^,只得支梧着,“地狱?——论理,就该也有。——然而也未必,……谁来管这等事……。”

“那么,死掉的一家的人,都能见面的?”

“唉o唉o,见面不见面呢?……”这时我已知道/自己也还是/完全一个愚人,什么踌躕,什么计画,都挡不住三句问,我即刻胆怯起来了,便想全翻过先前的话来,“那是,……实在,我说不清……。其实^,究竟有没有魂灵^,我也说不清。”//

我乘她不再紧接的问,迈开步便走,匆匆的逃回四叔的家中,心里/很觉得不安逸。

“/”代表停顿与节奏放慢,“^”代表连接与节奏加快,“·”(着重点)代表重音,“o”代表用虚声,“//”代表层次划分。

郑老师领读

(打开微信扫描二维码收听)

郑老师的话

这段文字处于小说的开端，也是祥林嫂猝死的原因之所在，对于整篇小说有很重要的意义。这段文字的神采主要体现在人物语言上，在朗读这段文字之前，朗读者一定要对人物语言与旁白在声音上做一个清晰的界定，不要混为一谈。

文章的第一个层次，作者用一种白描的手法对祥林嫂进行了描写，朗读时总体节奏较为缓慢，语气中要显得略带惊讶意外，但没有怜悯同情的成分。因为这是小说的开端，我们并不知道祥林嫂是谁，也不知道祥林嫂身上发生了什么，所以要用声音营造出一种悬念感。

从第二个层次开始，就正式进入人物语言的表达中。要表达好人物语言，“语气”的拿捏是关键。祥林嫂急于知道关于“阴间地狱”的答案，她在说话时候声音低沉、语速较快，朗读者在读到“一个人死了之后，究竟有没有魂灵的”时，语气要加强，语势上扬，进而营造出一种毛骨悚然的感觉。

第三个层次，朗读者处理“我”的语言时，要对应“我”的人物性格，唯唯诺诺，模棱两可，所以，“我”的语言特点重在表现一个“吞吞吐吐”，节奏要较慢，中间心理顿歇要较多，而祥林嫂在此时已经恐惧到了极点，她的追问在颤栗当中显示出一种咄咄逼人，节奏要快，语势要上扬。这段人物对话是全文的重要线索，切忌平铺直叙地去念。

当然，虽然在这段文字中人物角色比较明确，人物性格比较鲜明，但是朗读者也不能流于表演，更不用去扮演角色，切忌完全模仿一个老太太的声音状态，只需在语气上追求“神似”即可。

窃书不算偷

孔乙己(节选)

鲁　迅

孔乙己是站着喝酒而穿长衫的唯一的人。他身材很高大；青白脸色，皱纹间时常夹些伤痕；一部乱蓬蓬的花白的胡子。穿的虽然是长衫，可是又脏又破，似乎十多年没有补，也没有洗。他对人说话，总是满口之乎者也，叫人半懂不懂的。因为他姓孔，别人便从描红纸上的“上大人孔乙己”这半懂不懂的话里，替他取下一个绰号，叫作孔乙己。孔乙己一到店，所有喝酒的人便都看着他笑，有的叫道，“孔乙己，你脸上又添上新伤疤了！”他不回答，对柜里说，“温两碗酒，要一碟茴香豆。”便排出九文大钱。他们又故意的高声嚷道，“你一定又偷了人家的东西了！”孔乙己睁大眼睛说，“你怎么这样凭空污人清白……”“什么清白？我前天亲眼见你偷了何家的书，吊着打。”孔乙己便涨红了脸，额上的青筋条条绽出，争辩道，“窃书不能算偷……窃书！……读书人的事，能算偷么？”接连便是难懂的话，什么“君子固穷”，什么“者乎”之类，引得众人都哄笑起来：店内外充满了快活的空气。

备稿六步

1.背景

(1)作者背景

鲁迅(1881 年 9 月 25 日—1936 年 10 月 19 日),浙江绍兴人,原名周树人,“鲁迅”是其写作《狂人日记》时所用的笔名,也是影响最广泛的笔名;著名文学家、思想家,新文化运动的重要参与者,中国现代文学的奠基人。

(2)写作背景

《孔乙己》一文写于 1918 年,此时科举制度虽然已被废除,但是由科举制度培养出来的旧知识分子仍旧大有人在。鲁迅就是以这些人为原型,以鲁镇的咸亨酒店为背景,用文学的手法展现社会上这些贫苦知识分子的生活状态的。

2.层次

第一层:第 1—5 句,介绍孔乙己的身世;

第二层:第 6—13 句,描写公众对待孔乙己的态度。

3.主题

这段节选刻画了孔乙己酸腐、愚昧的形象。

4.目的

这段节选意在彰显封建教育对于社会的遗毒。

5.重点

人物语言。

6.基调

戏谑,沉重。

备稿贴士

《孔乙己》这篇文章最早出现在九年义务教育阶段的语文课本当中。对于中小学生而言,太早接触鲁迅的文字,恰恰容易错过鲁迅文字的精妙之处,因为过于年轻且没有太多社会经验和阅历的学生是无法理解鲁迅文字中的那种深刻与悲凉的。这篇《孔乙己》同样如此,看似戏谑、玩笑的话语,背后其实是如此悲怆——一个时代的悲怆。这段节选文字当中的孔乙己固然是鲁迅着力要去刻画的封建文人形象——迂腐、懒惰、死要面子,但同时另一个群体——底层劳动人民,也是鲁迅字里行间着力去刻画的形象,无论是孔乙己、祥林嫂,还是阿 Q,他们的身边都有这样一群民众,他们麻木、冷酷、见利忘义、欺负弱小,在鲁迅的笔下,他们的面目永远是冷冰冰的,是没有任何温度的,他们的语言永远是刻薄、犀利的,他们的嘴脸也总是欺下而媚上的。所以,对于这段节选文字,朗读者在朗读时不仅要用声音描绘孔乙己的人格形象,同时也要将那个时代国民的劣根性表现出来。

朗读技巧

孔乙己(节选)

孔乙己/是站着喝酒而穿长衫的唯一的人。他身材很高大;

青白脸色，皱纹间时常夹些伤痕；一部乱蓬蓬的花白的胡子。穿的虽然是长衫，可是又脏又破，似乎十多年没有补，也没有洗。他对人说话，总是满口之乎者也，叫人半懂不懂的。因为他姓孔，别人便从描红纸上的"上/大/人/孔/乙/己"这半懂不懂的话里，替他取下一个绰号，叫作孔乙己。//孔乙己一到店，所有喝酒的人/便都看着他笑，有的叫道，"孔乙己，你脸上又添上新伤疤了！"他不回答^，对柜里说，"温两碗酒，要一碟茴香豆。"便排出九文大钱。他们又故意的高声嚷道，"你一定又偷了人家的东西了！"孔乙己睁大眼睛说，"你怎么这样凭空污人清白……""什么清白？我前天亲眼见你偷了何家的书^，吊着打。"孔乙己便涨红了脸^，额上的青筋条条绽出^，争辩道，"窃书不能算偷……窃书！……读书人的事，能算偷么？"接连便是难懂的话，什么"君子固穷"，什么"者乎"之类，引得众人都哄笑起来：店内外充满了快活的空气o。

"/"代表停顿与节奏放慢，"^"代表连接与节奏加快，"．"（着重点）代表重音，"o"代表用虚声，"//"代表层次划分。

郑老师领读

（打开微信扫描二维码收听）

郑老师的话

这段节选最大的难点在于人物语言,同时,人物语言如果拿捏得当也会是最大的亮点。在读人物语言的时候,朗读者切勿用一种播读式的语态去表现,而是要以谈话的方式,要符合日常生活中表达的基本规律,要自然流畅。在朗读短工们人物语言的时候,朗读者要充分表现出他们那种幸灾乐祸、唯恐天下不乱的态度,重音的部分要特别渲染,语调要上扬,语速要略快,要显示出一种逼迫、一种无礼的嘲讽,要将他们对孔乙己在语言上的霸凌体现出来。对于孔乙己语言的朗读,朗读者则要一开始保持文人的风度,在众人的挑逗之下,渐渐失态,要将孔乙己欲言又止、结结巴巴的窘态表现出来。

还要注意的是,第一层当中的“上大人孔乙己”这几个字应该一字一顿去读,因为这几个字是描红纸上相互并不关联的几个字,只是被人们随意截取用来取笑孔乙己的。而最后一句话,则要读出一种沉重,要将当时那个社会“吃人”的一面表现出来。

英雄的黎明

红岩(节选)

罗广斌　杨益言

一阵狂风卷过，寒气阵阵袭来，矗立在签子门边的余新江浑身发冷，禁不住颤抖了一下，屋瓦上响起了“哗哗哗”的声音，击打在人的心上。“是暴雨？”这声音比暴雨更响，更加嘈杂，更加猛烈。“冰雹！”余新江听见有人悄声喊着。他也侧耳细听那屋瓦上的响声。在沉静的寒气里，在劈打屋顶的冰雹急响中，忽然听出一种隆隆的轰鸣。这声音夹杂在冰雹之中，时大时小。余新江渐渐想起，刚才在冰雹之前的狂风呼啸中，似乎也曾听到这种响声，只是不如现在这样清晰，这样接近；因为他专注地观察敌人，所以未曾引起注意。这隆隆的轰鸣，是风雪中的雷声吗？余新江暗自猜想着：在这隆冬季节，不该出现雷鸣啊！难道是敌人在爆破工厂，毁灭山城了吗？忽然，余新江冰冷的脸上，露出狂喜，他的手心激动得冒出了汗水。他突然一转身，面对着全室的人，眼里不可抑制地涌出滚烫的泪水。

“听！炮声！解放军的炮声！”

备稿六步

1.背景

(1)作者背景

罗广斌(1924 年—1967 年 2 月 10 日，具体出生日期不详)，作家,重庆忠县人;1948 年加入中国共产党,国民党军第十六兵团司令官罗文广的胞弟;1948 年被捕,囚禁于重庆中美合作所渣滓洞、白公馆集中营。

杨益言(1923 年 11 月 18 日—2017 年 5 月 19 日),四川省广安市武胜县人,中共党员,中国作协会员,著名小说《红岩》的作者之一。

(2)写作背景

1957 年,作者罗广斌、杨益言撰写了革命回忆录《在烈火中永生》,在此基础上又创作了长篇小说《红岩》,来揭露国民党的暴行,弘扬共产党员坚贞不屈的革命意志。

2.层次

第一层:第 1 句,描写牢房外的异动;

第二层:第 2—8 句,描写人们的猜测;

第三层:第 9—12 句,描写余新江的推测;

第四层:第 13—15 句,描写解放军的攻势。

3.主题

本段文字描述的是在国民党牢房中,被囚禁的中国共产党员对牢房外异动的猜测过程。

4.目的

本段节选意在表现被囚禁的中国共产党员对于革命胜利的喜悦。

5.重点

第 15 句。

6.基调

悲壮,坚定。

备稿贴士

《红岩》这部小说和由此改编的电影《烈火中永生》,影响了几代中国人,成为一代红色经典。这部小说根据真人真事改编,这段节选文字当中的主人公余新江,是以革命烈士余祖胜为原型而创作的。余祖胜在1949年11月27日被国民党反动派屠杀于渣滓洞,年仅21岁。节选的这段文字是描写解放军在解放重庆前夜渣滓洞当中的情景,是起承转合相当鲜明的一段文字,也是情感从低落到高涨的一段典型情节,将黎明前的黑暗描写得入木三分,也将革命胜利的喜悦渲染得淋漓尽致。

朗读技巧

红岩(节选)

一阵狂风卷过,寒气阵阵袭来,矗立在签子门边的余新江/浑身发冷^,禁不住颤抖了一下,屋瓦上响起了“哗哗哗”的声音,击打在人的心上o。//“是暴雨?”这声音比暴雨更响^,更加嘈杂^,更加猛烈o。“冰雹!”余新江听见有人悄声喊着。他也侧耳细听/那屋瓦上的响声。在沉静的寒气里,在劈打屋顶的冰雹急响中,忽然听出一种隆隆的轰鸣。这声音夹杂在冰雹之中,时大时小。//余新江渐渐想起,刚才在冰雹之前的狂风呼啸中^,

似乎也曾听到这种响声,只是不如现在这样清晰^,这样接近;因为他专注地观察敌人,所以未曾引起注意。这隆隆的轰鸣,是风雪中的雷声吗?余新江暗自猜想着:在这隆冬季节,不该出现雷鸣啊!难道是敌人爆破工厂^,毁灭山城了吗?// 忽然,余新江冰冷的脸上^,露出狂喜,他的手里激动得冒出了汗水。他突然一转身^,面对着全室的人^,眼里不可抑制地涌出滚烫的泪水。

“听!炮声!解放军的炮声!”

“/”代表停顿与节奏放慢,“^”代表连接与节奏加快,“.”(着重点)代表重音,“o”代表用虚声,“//”代表层次划分。

郑老师领读

(打开微信扫描二维码收听)

郑老师的话

这段文字的最后一句是全文的制高点,前面的文字都是在为这一句做铺垫。整段文字的语气应以低沉悲壮为主,直至最后一个层次,才骤然由悲转喜,达到最高潮。朗读者在表达第一至第三个层次时,语气要渲染出一种悬念感,要将疑问的语气不断加强、加深,声音总体要保持一种低沉的状态,声音的拿捏要在低沉当中分出层次,悬疑感要贯穿始终,语气中的疑问和不解要不断加深。"难道是敌人爆破工厂,毁灭山城了吗?",这一句的语气要由先前的疑问转为震惊;至下一句,朗读者的语速略微停顿后,语气要骤然变化,马上由震惊转为喜悦,然后不断推高,达到狂喜的色彩,声音不断增高、增强,最后扬停。

这段文字是否能表达得当,是否能出彩,由两个因素决定:首先在于铺垫是否能够将悬疑感营造得强烈;其次在于最后的制高点能否形成最强音。这就需要朗读者在自己的自如声区中,由低到高进行穿插,同时对声音有极强的控制力。

长征的悲歌

丰碑(节选)

李本深

天下着鹅毛大雪。一支红军队伍在零下三十多度的酷寒中艰难地行进着。

突然,队伍中有人喊起来:“有人冻死啦!”

军长一震,急步向前跑去。松树下,一位战士倚着树干,坐在雪窝里,一动也不动。他的左手夹着半截用树叶卷成的烟,小心地放在胸前,仿佛在最寒冷的时刻还在渴望一支烟的温暖。他的右手握着一个小纸包,脸上还挂着一丝早已冷却的笑容。军长用颤抖的双手打开小纸包,一只红辣椒跳进了军长的眼帘。军长轻轻地拂去战士肩上的积雪,猛然发现他身上竟然穿得那样单薄,单薄得像一张纸。

“棉衣,棉衣呢?为什么没给他发棉衣?”军长两眼发红:“军需处长呢?”警卫员在发愣。“给我找军需处长。”还是没有人应声。“快,给我找军需处长!”警卫员“哇”的一声哭了出来:“报告军长,他就是刚任命的军需处长。棉衣不够了……每个人发的御寒辣椒他都没舍得吃一口……”

军长愣住了,他望着雕像般的军需处长,眼泪成串成串地流了下来。他高高地举起那只鲜红的辣椒,在铅灰色的天穹下,在迷漫的雪雾中,辣椒就像一支燃烧的火炬,照耀着前程,在这火炬下,一支又一支右手缓缓举起。军礼是那样庄重,整个队伍发出一片抽泣声,就像一曲悲壮的哀乐,回荡在雪地上空。

备稿六步

1.背景

(1)作者背景

李本深,山西人,1951 年生;1969 年入伍从军,历任骑兵第二师、陆军二十师及陆军守备一师战士、干部,兰州军区政治部创作室专业作家,解放军艺术学院文学系进修学员,文学创作二级;1974 年开始发表作品;1985 年加入中国作家协会;1991 年毕业于北京师范大学研究生院文学专业。

(2)写作背景

1933 年,红军在王明"左"倾错误指导下第五次反围剿失败,被迫长征。一路上,红军装备落后、缺衣少食,时时面临敌人围剿,但他们没有退缩,硬是靠着严明的纪律和同志间的友爱爬过了雪山、走过了草地。本文就写于长征途中。

2.层次

第一层:第 1 段,描写红军在酷寒中艰难行军;

第二层:第 2—4 段,描写军需处长舍己为人壮烈牺牲的英雄事迹;

第三层:第 5 段,致敬军需处长。

3.主题

本段节选通过军需处长将棉衣让给战士而自己却被冻死的感人事迹来歌颂他舍己为人的崇高精神。

4.目的

本段节选颂扬了红军先人后己、舍己为人的革命精神。

5.重点

第 4 段。

6.基调

悲怆。

备稿贴士

生活的富足,让人们渐渐忘却了曾经的贫瘠;岁月的流逝,让人们渐渐忘却了曾经的悲痛。在这个时代,年轻人重读一些红军长征的历史,有助于更好地感恩当下,缅怀先辈。这是一段并不夸大的故事,在红军的历史上,这样的事迹层出不穷,这样的故事不应该被我们遗忘。

这段文字非常巧妙地设置了“军需处长是谁”,这个全文最大的悬念,将军需处长的品质更加彰显了出来。朗读者在表达时,首先要营造出“去世战士”的悲壮,尤其是在读“树叶卷成的烟”以及“如纸一般的衣服”这样的句子时。然后将军长的震怒以及对军需处长的谴责进行形象表达。最后在警卫员哽咽的声音中,揭晓“军需处长是谁”这个全文的悬念。前后表达互为一体,前面语气的营造越深刻,最后悬念的揭晓就会越有力量。第 5 段文字要用热忱、昂扬的语气进行升华、渲染,突出坚信革命必胜的信念。

朗读技巧

丰碑(节选)

天/下着鹅毛大雪。一支红军队伍/在零下三十多度的酷寒中/艰难地行进着。//

突然^,队伍中有人喊起来:“有人冻死啦!”

军长一震^,急步向前跑去。松树下,一位战士倚着树干,坐在雪窝里,一动也不动。他的左手/夹着半截用树叶卷成的烟,小心地放在胸前,仿佛在最寒冷的时刻/还在渴望一支烟的温暖。他的右手/握着一个小纸包,脸上还挂着一丝/早已冷却的笑容。军长用颤抖的双手打开小纸包,一只红辣椒跳进了军长的眼帘。军长轻轻地拂去战士肩上的积雪,猛然发现他身上竟然穿得那样单薄^,单薄得像一张纸。

“棉衣^,棉衣呢?为什么没给他发棉衣?”军长两眼发红:“军需处长呢?”警卫员在发愣。“给我找军需处长。”还是没有人应声。“快^,给我找军需处长!”警卫员哇的一声哭了出来:“报告军长^,他就是刚任命的军需处长。棉衣不够了……每个人发的御寒辣椒/他都没舍得吃一口……”//

军长愣住了,他望着雕像般的军需处长,眼泪成串成串地流了下来。他高高地举起那只鲜红的辣椒,在铅灰色的天穹下^,在迷漫的雪雾中,辣椒就像一支燃烧的火炬,照耀着前程,在这火炬下,一支又一支右手/缓缓举起。军礼/是那样庄重,整个队伍发出一片抽泣声,就像一曲悲壮的哀乐,回荡在/雪地上空。

“/”代表停顿与节奏放慢,“^”代表连接与节奏加快,“ . ”(着重点)代表重音,“o”代表用虚声,“//”代表层次划分。

郑老师领读

(打开微信扫描二维码收听)

郑老师的话

文章第 1 段以沉重的语气与缓慢的语速开篇,凸显出红军所处境遇的艰难,朗读者尤其要注意重音的表现,不可一语带过。

第 2 段“突然”一词节奏要快,语气要强,表现出一种骤变和矛盾的陡然出现。“有人冻死啦”一句要表现出一种由远及近的感觉,语气要沉重,但表达要绵长。

第 3 段对于描写军长的朗读,语速要快,以显示出急迫;对于描写去世战士的朗读,语速要慢,以表现出战士的安详;最后“单薄得像一张纸”,一个“纸”字要将上声发饱满,语气要沉痛,以彰显战士去世之悲壮。

第4段是全文的重点段落,也隐含着全文的制高点,这个制高点主要集中在军长与警卫员的对话上。军长的第一句话就要表现出震怒,语气要愤怒,语速要渐快;之后三处包含“军需处长”一词的句子,在表达时要显示出鲜明的变化,总体遵循本书前面章节中所提到的中、低、高的变化模式。“军需处长呢?”一句,语速要较慢,语气要凝重,以显示一种暴风雨前的宁静。“给我找军需处长”一句,语气要增强,咬字要加强,以给人一种咬牙切齿的感觉。最后一句“快,给我找军需处长”,语速要较快、语势要上扬,语气也要达到最强。警卫员小战士的哭诉是全文的最高潮所在,语气中饱含悲伤与委屈,表达时声音略哽咽即可,不能用表演的方式进行哭诉,语速要较快,表达要自如,切忌用念的方式。

第5段又回到沉重、缓慢的语速,重音要拉开,朗读者要将颂扬的语气推向最高。

消灭你，与你何干

三体(节选)

刘慈欣

水滴离开了它的杀戮战场,掉头向太阳方向飞去。

那片太空沉寂下来,金属云团中的一切都在宇宙的寒冷中失去了光亮,整个云团隐没于黑暗之中。后来,在太阳引力的作用下,云团停止了膨胀,开始拉长,最后变成漫长的条带,在温长的岁月中,它将变成环绕太阳的一圈极其稀薄的金属带,就像那百万个不能安息的灵魂一样,永远飘浮在太阳系冷寂的外围空间。

毁灭人类全部太空力量的,只是三体世界的一粒探测器,同样的探测器,还有九个将在三年后到达太阳系,这十个探测器加在一起,大小也不及一艘三体战舰的万分之一,而这样的三体战舰还有一千艘,正在夜以继日地向太阳系飞来。

毁灭你,与你有何相干?

备稿六步

1.背景

(1)作者背景

刘慈欣,生于1963年6月23日,中国科幻作家,山西阳泉人,曾供职于山西娘子关电厂,代表作有《三体》等。刘慈欣凭借《三体》荣获第73届世界科幻大会颁发的雨果奖最佳长篇小说奖，为亚洲获该奖的首位作者。《三体》三部曲被普遍认为是中国科幻文学的里程碑之作，将中国科幻推上了世界的高度。

（2）写作背景

《三体》三部曲都是刘慈欣在老家山西阳泉创作的，在成名前后，他一直远离北上广深这些大城市，而是偏安山西阳泉这个小地方，创作着震撼世界的文字。

2.层次

第一层：第1、2段，描写人类舰队被三体探测器摧毁之后的惨状；

第二层：第3段，描写三体世界的强大；

第三层：第4段，揭露了宇宙间残酷的竞争本质。

3.主题

这段文字所描写的是人类文明被三体文明碾压。

4.目的

这段文字意在表现三体文明超乎想象的强大。

5.重点

第4段。

6.基调

悲怆，沉重。

备稿贴士

本段节选是《三体》这部80余万字的长篇小说当中的一个

小小的片段,但是这个片段所包含的信息量却是无比巨大的。《三体》主要讲述的就是人类与距离自己四光年之外的一个被称为“三体”的文明之间博弈的故事。三体文明因为处于极为恶劣的生态环境中,当他们发现了地球之后,便开始了侵略和殖民地球的计划,而人类也不甘于束手待毙,于是开始了一系列反侵略的举措。因为两个文明相距四光年,所以三体舰队到达地球要花数百年的时间,大多数的故事便是发生在三体文明到达地球之前,呈现出双方的尔虞我诈,隔空对决。而朗读者要朗读的这个片段,则是先行到达的三体探测器与人类舰队之间交战之后的场景。这是两个文明真正意义上的第一次碰撞,而之前相当自信的人类的全部两千多艘战舰仅仅在遭遇一个号称“水滴”的三体探测器时,就全军覆没,两个文明在科技上的差距之大可见一斑。

整部《三体》三部曲中关于三体文明的实物,只出现过一个“水滴”,关于三体人和三体世界其他的描写,从未在文中出现,这是作者在写作上最为高明之处。

这段文字是整个人类文明的悲歌,也为人类敲响了警钟,朗读者朗读的基调应当是悲怆而冷峻的。

朗读技巧

三体(节选)

水滴/离开了它的杀戮战场,掉头向太阳方向飞去。

那片太空沉寂下来,金属云团中的一切/都在宇宙的寒冷中失去了光亮，整个云团/隐没于黑暗之中。后来，在太阳引力的作用下，云团停止了膨胀，开始拉长，最后变成漫长的条带，在温长的岁月中，它将变成环绕太阳的一圈极其稀薄的金属带，就像那百万个不能安息的灵魂一样^，永远飘浮在太阳系/冷寂的外围空间。//

毁灭人类全部太空力量的，只是三体世界的一粒探测器，同样的探测器，还有九个/将在三年后到达太阳系，这十个探测器加在一起^，大小也不及一艘三体战舰的万分之一，而这样的三体战舰还有一千艘^，正在夜以继日地/向太阳系飞来。//

毁灭你，与你/有何相干？

“/”代表停顿与节奏放慢，“^”代表连接与节奏加快，“ . ”（着重点）代表重音，“o”代表用虚声，“//”代表层次划分。

郑老师领读

（打开微信扫描二维码收听）

郑老师的话

这段文字的第一层次,也就是前两段,主要表现了人类文明被三体探测器痛击之后的惨状,这是一场杀戮之后的静止,朗读者朗读时语气要低沉,语速要较慢。因为这是一部科幻作品,所以朗读者要充分想象文字间所描写的当时太阳系中的景象,尤其要注意“情景再现”,将句子中呈现的景象很好地还原,将当时宇宙间那种难以言状的死亡的气息表现出来。

在第二层次中,朗读者主要表现的是文中的数字,这些数字都被标注了重音。突出这些数字,主要是为了突出主题,也就是三体文明与地球文明之间悬殊的科技实力。朗读者语气要充满悲鸣与无助,以及面对未知的恐惧。

最后一段是全文的制高点,也是一个深刻的命题。朗读者读这句话时,在标出重音的部分,吐字要有力,语气要略带一种恐怖的感觉。

这段节选,因为表现的是宇宙间的场景,所以需要声音要大气而深沉,这对朗读者气息的要求很高,女性读者在朗读时更要注意气息下沉。

永恒的遗憾

永远的蝴蝶

陈启佑

那时候刚好下着雨，柏油路面湿冷冷的，还闪烁着青、黄、红颜色的灯火。我们就在骑楼下躲雨，看绿色的邮筒孤独地站在街的对面。我白色风衣的大口袋里有一封要寄给南部的母亲的信。樱子说她可以撑伞过去帮我寄信。我默默点头。

"谁叫我们只带来一把小伞哪。"她微笑着说，一面撑起伞，准备过马路帮我寄信。从她伞骨渗下来的小雨点，溅在我的眼镜玻璃上。

随着一阵拔尖的刹车声，樱子的一生轻轻地飞了起来。缓缓地，飘落在湿冷的街面上，好像一只夜晚的蝴蝶。

虽然是春天，好像已是深秋了。

她只是过马路去帮我寄信。这简单的行动，却要叫我终生难忘了。我缓缓睁开眼，茫然站在骑楼下，眼里裹着滚烫的泪水。世上所有的车子都停了下来，人潮涌向马路中央。没有人知道那躺在街面的，就是我的，蝴蝶。这时她只离我五公尺，竟是那么遥远。更大的雨点溅在我的眼镜上，溅到我的生命里来。

为什么呢？只带一把雨伞？

然而我又看到樱子穿着白色的风衣，撑着伞，静静地过马路了。她是要帮我寄信的。那是一封写给南部母亲的信。我茫然站在骑楼下，我又看到永远的樱子走到街心。其实雨下得并不大,却是一生一世中最大的一场雨。而那封信是这样写的,年轻的樱子知不知道呢?

妈:我打算在下个月和樱子结婚。

备稿六步

1.背景

(1)作者背景

陈启佑,出生于1953年12月24日,中国文化大学中国文学博士,台湾彰化师范大学国文系教授。陈启佑在创作上主张“诗的内容不深奥,题材尽量广阔,关怀民生疾苦,剖析时代沧桑”。

(2)写作背景

本文创作于1980年,作者此时尚处于“小我、唯美、软性”的写作风格当中。

2.层次

第一层:第1、2段,女友樱子帮我寄信;

第二层:第3—5段,樱子遭遇车祸;

第三层:第6—8段,揭晓信的内容。

3.主题

这篇小说写的是我与樱子凄美的爱情故事。

4.目的

这篇小说表现出热闹都市中冰冷的现实。

5.重点

第8段。

6.基调

凄美,哀伤。

备稿贴士

这是一篇通过素雅的文字、简单的场景、强烈的矛盾来反映一种强烈情感的微型小说。作者将一出人间悲剧以一种唯美而轻柔的方式表达了出来。全文最后一句作为文章的制高点,揭示出了全文最大的悬念,也将悲伤的情感推向最高潮。所以,朗读者在为全文朗读谋篇布局时要将前面的表达都处理为最后一句的铺垫,语气的色彩应一直保持忧伤、悲戚,而这种“悲”的程度又在不断变化,所以,语气的分量应随着剧情推进而不断切换。另外,对于悲的层次的细微音声化处理,是朗读者在朗读这篇稿件时应重点考量的。

悲剧,总是更加富有张力,将这样的文字读出层次和变化,是对朗读者基本功的极大考验,也是对朗读者语言功力的极大提升。

朗读技巧

永远的蝴蝶

那时候/刚好下着雨,柏油路面湿冷冷的,还闪烁着青、黄、红颜色的灯火。我们就在骑楼下躲雨,看绿色的邮筒/孤独地站在街的对面。我白色风衣的大口袋里/有一封要寄给南部的母亲的信。樱子说/她可以撑伞过去帮我寄信。我默默点头o。

“谁叫我们只带来一把小伞哪。”她微笑着说,一面撑起伞^,准备过马路帮我寄信。从她伞骨渗下来的小雨点,溅在我的眼镜玻璃上。//

随着一阵拔尖的刹车声^,樱子的一生轻轻地飞了起来。缓缓地,飘落在湿冷的街面上,好像一只/夜晚的蝴蝶。

虽然是春天,好像已是深秋了o。

她只是过马路去帮我寄信。这简单的行动,却要叫我终生难忘了。我缓缓睁开眼,茫然站在骑楼下,眼里裹着滚烫的泪水。世上所有的车子都停了下来,人潮涌向马路中央。没有人知道/那躺在街面的,就是我的,蝴蝶o。这时/她只离我五公尺,竟是那么遥远。更大的雨点溅在我的眼镜上,溅到我的生命里来。//

为什么呢?只带一把雨伞?

然而我又看到樱子穿着白色的风衣^,撑着伞,静静地过马路了。她是要帮我寄信的。那是一封写给南部母亲的信。我茫然站在骑楼下,我又看到永远的樱子走到街心。其实雨下得并不大,却是一生一世中/最大的一场雨。而那封信是这样写的,年轻的樱子/知不知道呢o?

妈:我打算在下个月/和樱子结婚。

“/”代表停顿与节奏放慢,“^”代表连接与节奏加快,“ . ”(着重点)代表重音,“o”代表用虚声,“//”代表层次划分。

郑老师领读

（打开微信扫描二维码收听）

郑老师的话

文章的第一层描写了未婚妻樱子帮助“我”寄信的原因及过程，因为全文基调已经确定为“悲”，所以从第一句起，朗读者的语气就应保持一种低沉、阴郁的状态，而囿于全文的悬念设置，此处不宜将悲的色彩过于渲染，总体节奏要较慢，声音要虚实结合。樱子唯一的人物语言“谁叫我们只带来一把小伞哪”是全文最为明亮的一句，朗读者可以在不影响全文基调的情况下，适度表现出一种女性的活泼。

第二层的第 1 段，也就是全文第 3 自然段，是全文第一处大转折，此处节奏要骤然加快，让人有一种人迅雷不及掩耳之势的感觉，尤其“拔尖”二字要读出凄厉之感。之后的节奏恢复缓慢状态，但是语气的分量要不断加强，对重音处的色彩处理要尤为鲜明，这种表达方式要一直延续到全文制高点之前。而最后一句揭晓全篇最大悬念的文字，朗读者恰恰要用一种“举重若轻”的方式进行表现，语气要平缓，略带喜悦，与之前的悲伤基调形成对比，但要把握“度”，不可过于跳脱。

第四章

其他作品朗读技巧分析

爱情在左，茫然在右

恋爱的犀牛(节选)

廖一梅

黄昏是我一天中视力最差的时候,一眼望去满街都是美女,高楼和街道也变幻了通常的形状,像在电影里……你就站在楼梯的拐角,带着某种清香的味道,有点湿乎乎的、奇怪的气息。擦身而过的时候,才知道你在哭。事情就在那时候发生了……明明,我怎样才能让你明白我如何爱你?我默默忍受,饮泣而眠?我高声喊叫、声嘶力竭?我对着镜子痛骂我自己?我冲进你的办公室把你推倒在地?我上大学、我读博士、我当一个作家?我为你自暴自弃,从此被人怜悯?我走入精神病院,我爱你爱崩溃了?爱疯了?还是我在你窗前自杀?明明,告诉我该怎么办?你是聪明的、灵巧的、伶牙俐齿的、愚不可及的,我心爱的,我的明明……

备稿六步

1.背景

(1)作者背景

廖一梅,生于1970年12月25日,中国内地女编剧、作家,话剧《恋爱的犀牛》编剧,现任职于中国国家话剧院。

(2)写作背景

《恋爱的犀牛》剧本创作于1999年,是廖一梅与该剧导演孟京辉结婚蜜月之后所写就的。

2.层次

第一层:第 1—4 句,写马路的回忆;

第二层:第 5—14 句,写马路的愤怒;

第三层:第 15、16 句,写马路的绝望。

3.主题

本段节选主要表现男主角马路对女主角明明的虐恋。

4.目的

本段节选意在表现爱情的无可奈何。

5.重点

第二层。

6.基调

痛苦,绝望。

备稿贴士

《恋爱的犀牛》是中国先锋话剧中的翘楚,收获了大量都市男女的追捧和好评,是一出经典爱情。动物园犀牛饲养员——本剧男主角马路偶然邂逅了一个叫明明的女孩,并且深深爱上了她,而这位姑娘的心却另有所属,她深爱着另一个极具个性、神龙见首不见尾的作家。马路得不到他的心中所爱,而明明也是如此,他们在都市中邂逅,又在彼此独立而纠缠的爱情中挣扎。最后,绝望的马路绑架了明明,于是便有了上面的这段独白。这是马路痛苦而绝望的独白,整段独白大致分为三个层次:

第一层，是一个心如死灰之人陷入的回忆；第二层，男主角马路由回忆激发出一种深深的愤怒，开始了歇斯底里的呐喊；第三层，马路筋疲力尽，又陷入一种深深的无助与绝望中。这段文字的起承转合相当明确，语气变化也非常鲜明，对于朗读者语气、节奏的切换练习有很典型的作用。

朗读技巧

恋爱的犀牛(节选)

黄昏/是我一天中视力最差的时候，一眼望去满街都是美女，高楼和街道/也变幻了通常的形状，像在电影里o……你就站在楼梯的拐角，带着某种清香的味道，有点湿乎乎的、奇怪的气息。擦身而过的时候，才知道你在哭。事情/就在那时候发生了o……//明明，我怎样才能让你明白我如何爱你？我默默忍受^，饮泣而眠？我高声喊叫^、声嘶力竭？我对着镜子痛骂我自己^？我冲进你的办公室把你推倒在地？我上大学^、我读博士^、我当一个作家？我为你自暴自弃^，从此被人怜悯？我走入精神病院^，我爱你爱崩溃了^？爱疯了？/还是我在你窗前自杀？//明明，告诉我该怎么办？你是聪明的、灵巧的^、伶牙俐齿的^、愚不可及的，我心爱的，我的明明o……

“/”代表停顿与节奏放慢，“^”代表连接与节奏加快，“ . ”(着重点)代表重音，“o”代表用虚声，“//”代表层次划分。

郑老师领读

（打开微信扫描二维码收听）

郑老师的话

正如前文所述，本段文字分为三个层次，第一层第 1 句在表达时，朗读者要读出男主角内心如一潭死水一般，但这并不意味着没有感情，而是一种受过强烈刺激之后的绝望，所以朗读者的整体语速要较慢，同时语气低沉而忧伤，过程中要用虚声点缀，以便使这种情感更鲜明。到了第 2 句，男主角马路开始回忆起当初邂逅明明时的场景，语气由第 1 句的一潭死水开始泛起涟漪，语速要稍微加快，声音由虚转实，语气中透出一种淡淡的向往，这句也是为下一层次的歇斯底里做铺垫，所以整体语势不宜过分昂扬。

第二层是全文的重点层次，男主角马路的情绪由之前的平抑转为强烈的呐喊，语速从渐快、较快到极快，语气也从微怒、较怒到怒发冲冠，句与句之间的连接要紧密，句子内部的连接同样要非常紧密，给人疾风暴雨之感，直至最后一句“我爱你爱崩溃了，爱疯了”一句，语速达到最快，当情绪达到最高处时，插入一个骤然的停顿和留白，然后就着一口气，用较弱、较慢的语气和语速表达出“还是我在你窗前自杀”。这一层的表达，对于吐字和气息的基本功要求非常高，朗读者要做到高而不劈、快中有稳、吐字清晰、情绪到位。

第三层是全文的收尾，从正常的人性角度来看，一个人在歇斯底里之后，一定会陷入一种暂时的无力，所以，最后一层又回到一种较慢、较弱的表达，但是情绪当中要透出一种更加深刻的绝望。

在表达此段时，朗读者要较为深刻地去体会角色本身的情感。虽然本段会借鉴一些表演的元素，但要注重声音的张力，而不需要通过太多的形体去展现。

悲剧英雄与千古一帝

我们的荆轲(节选)

莫 言

荆轲,我如果是你,就不刺死他。因为这秦王,在短期内必将灭绝诸侯,一统天下。他也许会成为中国历史上第一个皇帝。他也许会在他的帝位上,干出许多轰轰烈烈的事迹。他很可能要统一天下的文字,焚烧那些无用的杂书。他很可能要整修天下的道路,统一天下的车距。他很可能要在列国长城的基础上,修建一条绵延万里的长城。他很可能要烧制成千上万的陶俑,在地下排列开辉煌的战阵。他很可能要去泰山封禅,派术士到南海求仙。你如果此时刺死他,这些辉煌的业绩、荒唐的壮举,都将成为泡影。按照你那位朋友高渐离的说法,“水涨船高”,你的名字,既然要和他联系在一起,就应该和千古一帝的嬴政联系在一起,而不要和眼下的秦王联系在一起。你杀了眼下的秦王,他是主角,你是配角。你能杀而没杀眼下的秦王,他是配角,你是主角。既然是放债,就要争取最丰厚的利息;既然是演戏,那当然要赚取最热烈的喝彩。而且我也说过,世人总是更愿意垂青失败的英雄。先生,让秦宫里的人看到,你本来可以杀死秦王,但你为了活捉他,而没有杀死他,这次演出,就算是大获成功!

备稿六步

1.背景

(1)作者背景

莫言,1955 年 2 月 17 日生于山东高密,当代著名作家,中国第一位诺贝尔文学奖得主,以寓深刻内涵于荒诞情节的“魔幻现实主义”写作手法而著称;代表作有《红高粱家族》《檀香刑》《丰乳肥臀》《生死疲劳》《蛙》等,这些作品都使用了是“魔幻现实主义”的写作手法。

(2)写作背景

2011 年,北京人民艺术剧院上演了原创大型古装剧目《我们的荆轲》,莫言为该话剧操刀。在剧本中,莫言用现代人的“名利观”去揣度了古人的动机,从而解构了这段“荆轲刺秦王”,对历史做出了新的荒诞却符合逻辑的解释。

2.层次

第一层:第 1—9 句,畅想秦王未来的霸业;

第二层:第 10—13 句,点明荆轲刺秦成功的弊端;

第三层:第 14—16 句,揭露通过刺秦来获取最大名气的方式。

3.主题

本段节选主要描写燕姬对荆轲的提醒。

4.目的

这段文字的目的是让即将刺秦的荆轲认识到博取最大名声的时机。

5.重点

第 15 句。

6.基调

坚定,犀利。

备稿贴士

2011 年,《我们的荆轲》在北京人民艺术剧院上演,本剧由莫言操刀,完全以《荆轲刺秦王》的历史背景为写作背景,所有的历史人物,比如荆轲、秦始皇、太子丹、樊於期、秦舞阳、高渐离、狗屠等都为《史记》当中真实的人物。虽然人物还是那些人物,历史还是那段历史,但是莫言用了一种“揣度动机”的方式解构了这段历史。荆轲和身边的人从侠肝义胆的刺客大侠,变成了追逐名利的市井之徒,剧本当中有大量对于人性的细致描写,比如荆轲的徘徊、荆轲的畏死、荆轲对于爱情的神伤以及对于成名的热望,这些描写共同将一个高大全的英雄还原成了一个“人”。

上面的这段节选是整部剧本的“文眼”,揭示了最大的悬念,同时也是最为精彩的一出戏。这段文字是由荆轲身边一个叫作燕姬的人说出来的,她是本剧虚构的人物,是太子丹送给荆轲的美女,但因为一直像玩物一样被权贵们转送,所以内心麻木。她一直对荆轲冷淡,但在行刺之前,她点醒了荆轲——一次成功的行刺并不能使荆轲在送命之后名垂青史,而本来可以杀死秦王却因为差一点而没有成功,则能够让荆轲真正永远为人们所铭记,并且永远不能被人超越。

中国人向来不以成败论英雄,而是更同情“悲剧英雄”,这也可以用心理学上的“契可尼效应”来解释——人们永远会对那些尚未完成的事情耿耿于怀。燕姬正是基于此,将“刺秦”这件事情对于荆轲的真正意义以另辟蹊径的方式和盘托出,令人拍案叫绝。

朗读技巧

我们的荆轲(节选)

荆轲,我如果是你,就不刺死他。因为这秦王,在短期内必将灭绝诸侯^,一统天下。他也许会成为中国历史上第一个皇帝。他还将在他的帝位上^,干出许多轰轰烈烈的事迹。(慢)他很可能要统一天下的文字^,焚烧那些无用的杂书。他很可能要整修天下的道路^,统一天下的车距。他很可能要在列国长城的基础上^,修建一条绵延万里的长城。他很可能要烧制成千上万的陶俑^,在地下排列开辉煌的战阵。(快,最高,随后渐落)他很可能/要去泰山封禅,派术士到海上求仙。//你如果此时刺死他,这些辉煌的业绩^、荒唐的壮举(快,高),都将成为泡影。(停,落)按照你那位朋友高渐离的说法,“水涨船高”(着重),你的名字,既然要和他联系在一起,(快)就应该和千古一帝的嬴政联系在一起^,而不要和眼下的秦王联系在一起。(慢)你杀了眼下的秦王,他是主角,你是配角。(快)你能杀而没杀眼下的秦王,他是配角^,你是主角。//(慢)既然是放债,就要争取最丰厚的利息;(快)既然是演戏^,那当然要赚取最热烈的喝彩。(停,落)而且我也说过,世人总是更愿意垂青失败的英雄。先生o,让秦宫里的人看到,你本来可以杀死秦王,但你为了活捉他^,而没有杀死他,这次演出,就算是大获成功!(扬停)

“/”代表停顿与节奏放慢,“^”代表连接与节奏加快,“ . ”(着重点)代表重音,“o”代表用虚声,“//”代表层次划分。

郑老师领读

(打开微信扫描二维码收听)

郑老师的话

对于这段台词的朗读,朗读者要充分运用好节奏当中的抑扬顿挫、轻重缓急,让语流像“过山车”一般,从低到高,从强到弱。

从第一层的第1句开始,朗读者的表达就要进入一种“扬”的状态,因为这段台词是最精彩的段落,在其之前已经有许多台词做了铺垫，所以开篇即进入高潮。整体语势有一个由慢向快、语气逐渐加强的过程，读至“辉煌的战阵”这一句时，语速达到最快，语势达到最高；随后在“他很可能要去泰山封禅，派术士到南海求仙”一句减弱；在下一句处，语势再度上扬。

第二层的第1句语势下落，从“你的名字”开始，语速加快、语气加强、重音突出。“你杀了眼下的秦王”与“你能杀而没杀眼下的秦王”这两句要体现出前慢后快、前弱后强的语势。

第三层的第1句在节奏上继续遵循由慢到快的回环往复，第二句继续弱起，直至最后一句“大获成功”扬停，将情感推向最高点。

总体来看，这段文字就是要在节奏的抑扬顿挫中不断回环往复，进而体现出节奏的规律性变化。当然，这段文字对于朗读者的吐字与气息的要求同样非常高，因此，朗读者要在练习中达到吐字清晰、快中有稳的基本要求。

历史的回响

反纳粹国会演讲(节选)

〔英〕丘吉尔

摆在我们面前的,是一场极为痛苦的严峻的考验。在我们面前,有许多许多漫长的斗争和苦难的岁月。你们问:我们的政策是什么?我要说,我们的政策就是用我们全部能力,用上帝所给予我们的全部力量,在海上、陆地和空中进行战争,同一个在人类黑暗悲惨的罪恶史上所从未有过的穷凶极恶的暴政进行战争。这就是我们的政策。你们问:我们的目标是什么,我可以用一个词来回答:胜利——不惜一切代价,去赢得胜利;无论多么可怕,也要赢得胜利,无论道路多么遥远和艰难,也要赢得胜利。因为没有胜利,就不能生存。大家必须认识到这一点:没有胜利,就没有英帝国的存在,就没有英帝国所代表的一切,就没有促使人类朝着自己目标奋勇前进这一世代相因的强烈欲望和动力。但是当我挑起这个担子的时候,我是心情愉快、满怀希望的。我深信,人们不会听任我们的事业遭受失败。此时此刻,我觉得我有权利要求大家的支持,我要说:“来吧,让我们同心协力,一道前进。”

备稿六步

1.背景

(1)作者背景

丘吉尔(1874 年 11 月 30 日—1965 年 1 月 24 日),全名为温斯顿·伦纳德·斯宾塞·丘吉尔(Winston Leonard Spencer Churchill),前英国首相,被认为是 20 世纪最重要的政治领袖之一,领导英国人民赢得了第二次世界大战,是雅尔塔会议“三巨头”之一。此外,丘吉尔还是历史上掌握英语单词数量最多(12 万多)的人之一,被美国《人物》杂志列为近百年来世界最有说服力的演说家之一。

(2)写作背景

这是丘吉尔在出任英国首相之后的首次演说中的末段。演说发表于 1940 年 5 月,当时西欧大陆在德国法西斯的攻击之下几乎全部沦陷,英伦三岛也受到了直接威胁。丘吉尔临危受命出任首相,组成联合政府,并于上任后的第三天在下院召开的要求对新政府举行信任投票的特别会议上,发表了这个演说。

2.层次

第一层:第 1—5 句,说明新政府反纳粹的政策意图;

第二层:第 6—9 句,说明新政府反纳粹的主要目标与意义;

第三层:第 10—12 句,表现新政府极大的信心和勇气。

3.主题

本段演讲稿意在说明新政府的政策、战略、目标及必胜的信念。

4.目的

本段演讲稿是为了鼓舞全体英国国民要一致抗战,同时说服下院议员投给新政府信任票。

5.重点

本段演讲的重点有三处:“同一个在人类黑暗悲惨的罪恶史上所从未有过的穷凶极恶的暴政进行战争”;“就没有促使人类朝着自己目标奋勇前进这一世代相因的强烈欲望和动力”;“让我们同心协力,一道前进”。

6.基调

热烈,悲怆。

备稿贴士

丘吉尔是一位非常著名的领导人,也是一位非常著名的演讲家,他的演讲以辞藻丰富、修辞优美著称。我们会发现,将他的英文稿件翻译成中文之后,其中的长难句、复合句非常多,这是朗读者在处理稿件时特别需要注意的地方。

在朗读时,第一,朗读者要注意长难句、复合句的基本切分,寻找恰切的停顿与连接点;第二,朗读者在处理生理性停连时,要注意自己的气息是否够用,尽量避免总是因为气息不够而被动停顿,将一句话人为切断。总之,不能够因停害意、因停断情,而是要主动去设计心理性的停顿与连接。另外,朗读者还要注意节奏的把握,快与慢之间要做到切换自如。

这段文字也特别能够检验朗读者的基本功是否扎实，如果气息或者吐字基本功不够扎实，那么即便心里知道应当如何处理，也是无法用声音很好驾驭的。

大家注意，朗读者要驾驭声音，做声音的主人，而不能被声音所驾驭。

朗读技巧

反纳粹国会演讲(节选)

摆在我们面前的，是一场极为痛苦的严峻的考验o。在我们面前，有许多许多漫长的斗争和苦难的岁月。你们问：我们的政策/是什么？我要说，我们的政策就是用我们全部能力，用上帝所给予我们的全部力量^，在海上、陆地和空中进行战争^，同一个在人类黑暗悲惨的罪恶史上/所从未有过的穷凶极恶的暴政/进行战争。这就是我们的政策。//你们问：我们的目标是什么？我可以用一个词来回答：胜利——不惜一切/代价^，去赢得胜利；无论多么可怕^，也要赢得胜利，无论道路多么遥远和艰难^，也要赢得胜利。因为没有胜利，就不能生存o。大家必须认识到这一点：没有胜利^，就没有英帝国的存在^，就没有英帝国所代表的一切^，就没有促使人类朝着自己目标奋勇前进/这一世代相因的强烈欲望和动力。//但是当我挑起这个担子的时候，我是心情愉快、满怀希望的。我深信，人们不会听任我们的事业遭受失败。此时此刻，我觉得我有权利要求大家的支持，我要说："来吧，让我们同心协力，一道前进。"

“/”代表停顿与节奏放慢，“^”代表连接与节奏加快，“ · ”(着重点)代表重音，“o”代表用虚声，“//”代表层次划分。

郑老师领读

(打开微信扫描二维码收听)

郑老师的话

这篇稿件的基本技巧相当细腻，请大家在看完上面的符号标准之后，务必扫码听一下范读，以便感知符号所无法完全体现的语言状态。

这篇演讲稿三个层次的基本情感，前两层是悲怆的，最后一层是热烈而乐观的，这些情感需要充分体现在我们的语气当中。丘吉尔演讲的目的，一是要鼓舞全体国民，二是要说服全体议员投票，所以朗读者在朗读时要注意语气的拿捏，要动之以情、晓之以理。

第一层中，从“我们的政策是什么”开始，到“这就是我们的政策”为止，这个排比充满了长难句和复合句，朗读者要以连为主，中间的气口要少，要有一气呵成的力量感，要推起一个小高潮。第二层中，从“用一个词来回答”开始，到“因为没有胜利，就不能生存”为止，这个排比中的三个“赢得胜利”一定要读出不同，而不能让人感觉雷同，所以重音的差别就一定要表现到位。第二层的后半段，同样要以连为主，气口要少，重音部分强而有力，再次推出一个小高潮。最后一层，语气要和缓、乐观而热烈，最后一句的“一道前进”要将情绪推到最高。

这是一段技巧相当丰富的文字，也是检验我们练习成果的试金石。

爱美人不爱江山

爱德华八世退位演讲

〔英〕爱德华八世

经过许多周折以后，我终于能说几句心里话了。

我从来不想抑制自己，但是根据宪法，在此时以前我不可能说出自己的话。

几小时前，我卸去了作为国王和皇帝的最后责任，继承我的是我的弟弟约克公爵，我首先要说的话必须是声明我对他的忠诚。我真心实意地做出这一表示。

你们都知道促使我放弃王位的原因。但我要你们理解：在做出这个决定时，我没有忘记在25年中我作为威尔士亲王和后来作为国王力图为之尽力的国家和帝国。

但是，倘若我告诉你们，如果没有我所爱的这位女性的帮助和支持，我觉得不可能按照我本来的意愿承担起这副重担，履行国王的责任，你们应该相信我。

我还要你们知道，这个决定仅仅是我一人做出的。这是一件完全的由我独自进行判断的事情。与此事最密切相关的另一个人直至最后还在劝我采取一种不同的做法。按照结局要对各方面都合适这个唯一的想法，我做出了一生中最重要的决定。我的弟弟，在我国公众事务中得到过长期的锻炼，并具有优秀的品质，因此，当我确实知道他将立即接替我而不至给帝国的生活和进展带来障碍和损害时，我做出这个决定就不那么困难了。

而且他拥有一种你们中许多人都享有而上帝没有赐予我的无与伦比的幸福——他与妻子和孩子组成的快乐家庭。

在这些困难的日子里，我受到母后陛下和我的家族的安慰。王国政府的大臣们，特别是首相鲍德温先生，始终给予我充分的体谅。在我与他们之间，在我与国会之间，从未在遵守宪法的问题上产生过分歧。我的父亲根据宪法传统把我教养成人，我决不会让任何这类问题出现。

自从我当威尔士亲王之时起，及在以后登上王位的日子里，无论我居住在，或旅行于帝国的什么地方，所有各阶层的人民都以最大的善意对待我。我对此十分感激。

现在我完全退出了公众事务，放下了我的负担。可能还要一段时间我才能回到故乡，但我将以深切的关心注视着不列颠人民和帝国的命运，在未来任何时候，如果国王陛下发现我能以私人身份做点什么的话，我决不会辜负这种期望。

而现在，我们大家有了一位新的国王。我真心诚意地祝愿他和你们及他的人民幸福、昌盛。愿上帝保佑你们大家！上帝保佑国王！

备稿六步

1.背景

(1)作者背景

爱德华八世(1894 年 6 月 23 日—1972 年 5 月 28 日)，全名为爱德华·阿尔伯特·克里斯蒂安·乔治·安德鲁·帕特里克·大卫(Edward Albert Christian George Andrew Patrick David),英国温莎王朝的第二位国王,因其恋情不被王室所接受,故而退位,逊位后被其弟乔治六世封为温莎公爵。

(2)写作背景

爱德华八世在一次聚会上结识了比他小两岁的美国女士辛普森夫人。这位女士结过两次婚,从小失去父亲,跟随伯父长大,第一任丈夫为美国海军飞行员,第二位丈夫为已经取得英国国籍的美国人。国王要与一位结过婚的女士结婚,两人的恋情被全国上下和其他一些国家强烈反对——皇室、议会、各自治领,以及澳大利亚、加拿大、南非都不同意。英国首相提出国王有三条路可以选择:第一,不要结婚;第二,选择退位;第三,议会总辞。爱德华八世选择了第二条路——退位。这篇就是他在退位当天向全国公众发表的退位演讲稿。

2.层次

第一层,第1—3段,爱德华八世声明退位;

第二层,第4—7段,爱德华八世阐明退位的原因;

第三层,第8—10段,爱德华八世表达对新国王的祝福。

3.主题

这篇演讲稿阐明了爱德华八世自己退位的缘由及表达美好祝愿。

4.目的

爱德华八世发表这个演讲,意在保持英国政局稳定,达成自己追求爱情的夙愿。

5.重点

第三层。

6.基调

坦诚,真挚。

备稿贴士

这是一篇在世界各国君王史上都难得一见的退位演讲,主角爱德华八世原本是一位英俊潇洒、雄才大略的君王,他拥有当时全世界领土最大、最为富庶的国家,但是他偏偏做出了"爱美人不爱江山"的惊世之举,拒绝了王室为其安排的欧洲各国公主,而是选择迎娶了辛普森夫人。

从这篇退位演讲当中,我们能看到爱德华八世国王对于辛普森夫人的爱,也能看到他对于自己退位之后国内政局稳定的希冀。朗读者在进行表达时,要满怀对爱情的诚挚,也要有胸怀天下的气度,格局逐渐从小到大——从个人情怀到家国情怀。

朗读技巧

爱德华八世退位演讲

经过许多周折以后,我终于能说几句心里话了。

我从来不想抑制自己,但是根据宪法,在此时以前我不可能说出自己的话。

几小时前,我卸去了作为国王和皇帝的最后责任,继承我的/是我的弟弟约克公爵,我首先要说的话/必须是声明我对他的忠诚。我真心实意地做出这一表示。//

你们都知道促使我放弃王位的原因。但我要你们理解:在做出这个决定时,我没有忘记在25年中/我作为威尔士亲王/和后来作为国王/力图为之尽力的国家和帝国。

但是,倘若我告诉你们,如果没有我所爱的这位女性的帮助和支持,我觉得不可能按照我本来的意愿承担起这副重担^,履行国王的责任,你们应该相信我o。

我还要你们知道,这个决定仅仅是我一人做出的。这是一件完全的/由我独自进行判断的事情。与此事最密切相关的另一个人/直至最后还在劝我/采取一种不同的做法。按照结局要对各方面都合适/这个唯一的想法,我做出了一生中最重要的决定。我的弟弟,在我国公众事务中得到过长期的锻炼^,并具有优秀的品质,因此,当我确实知道他将立即接替我/而不至给帝国的生活和进展/带来障碍和损害时,我做出这个决定就不那么困难了。而且他拥有一种/你们中许多人都享有而上帝没有赐予我的无与伦比的幸福——他与妻子和孩子/组成的快乐家庭o。

在这些困难的日子里,我受到母后陛下和我的家族的安慰。王国政府的大臣们,特别是首相鲍德温先生,始终给予我充分的体谅。在我与他们之间,在我与国会之间,从未在遵守宪法的问题上产生过分歧。我的父亲根据宪法传统把我教养成人,我决不会让任何这类问题出现。//

自从我当威尔士亲王之时起,及在以后登上王位的日子里,无论我居住在^，或旅行于帝国的什么地方，所有各阶层的人民/都以最大的善意对待我。我对此十分感激。

现在/我完全退出了公众事务，放下了我的负担。可能还要一段时间/我才能回到故乡，但我将以深切的关心/注视着不列颠人民和帝国的命运，在未来任何时候，如果国王陛下/发现我能以私人身份做点什么的话，我决不会辜负/这种期望。

而现在，我们大家有了一位新的国王。我真心诚意地祝愿他和你们/及他的人民/幸福、昌盛。愿上帝保佑你们大家！上帝/保佑国王！

"/"代表停顿与节奏放慢，"^"代表连接与节奏加快，"．"（着重点）代表重音，"o"代表用虚声，"//"代表层次划分。

郑老师领读

（打开微信扫描二维码收听）

郑老师的话

对于这篇稿件的处理，朗读者应以一种谈话式的话语样态进行。文中所标的的重音，已经遵从了"少而精"的原则，大家在朗读处理时，切勿将重音过于着重，而应当淡一些，总体语气也应轻柔一些。第一、二层都偏柔,到第三层再将声音处理得更实一些。英语翻译成中文之后出现的复合句和长难句都需要朗读者提前进行停连的划分,大家看到所标出的停顿符号时,切勿在此长久停留,而是应当从容换气或者轻微顿歇,保持声断气不断的状态,以使句子连贯流畅。通篇朗读的节奏没有太大幅度的变化,只需将最后一句推向制高点即可。

大家读起来,一起来做一回爱美人不爱江山的国王吧。

太空启示录

暗淡蓝点(节选)

〔美〕卡尔·萨根

我们成功地(从外太空)拍到这张照片,细心再看,你会看见一个小点。就是这里,就是我们的家,就是我们。在这个小点上,每个你爱的人、每个你认识的人、每个你曾经听过的人,以及每个曾经存在过的人,都在那里过完一生。这里集合了一切的欢喜与苦难,数千个自信的宗教、意识形态以及经济学说,每个猎人和搜寻者,每个英雄和懦夫,每个文明的创造者与毁灭者,每个国王与农夫,每对相恋中的年轻爱侣,每个充满希望的孩子,每对父母、发明家和探险家,每个教授道德的老师,每个贪污政客,每个超级巨星,每个至高无上的领袖,每个人类历史上的圣人与罪人,都住在这里——一粒悬浮在阳光下的微尘。

地球是这个浩瀚宇宙剧院里的一个小小舞台。想想那些将领和帝王们挥洒出的血河,他们的光荣与胜利只为了让他们成为这一点上一小部分的短暂主宰。想想栖身在这点上一个角落的人正受着万般苦楚,而在几乎不能区分的同一点上的另外一个角落里亦同时栖身了另一批人。他们有多常发生误解?他们有多渴望杀了对方?他们的敌意有多强烈?

我们的装模作样,我们的自以为是,我们的错觉以为自己在宇宙里的位置有多优越,都被这暗淡的光点所挑战。我们的星球只是在这被漆黑包裹的宇宙里一粒孤单的微粒而已。我们是如此的不起眼——在这浩瀚之中,我们不会从任何地方得到提示去拯救我们自身。

一直有人说天文学是令人谦卑的,同时也是一种塑造性格的学问。对我来说,希望没有比这张从远处拍摄我们微小世界的照片更好的示范,去展示人类自大的愚蠢。对我来说,这强调了我们应该更加亲切和富有同情心地去对待身边的每一个人,同时更加保护和珍惜这暗淡蓝点,这个我们目前所知唯一的家……

备稿六步

1.背景

(1)作者背景

卡尔·萨根(1934 年 11 月 9 日—1996 年 12 月 20 日),全名为卡尔·爱德华·萨根(Carl Edward Sagan),美国天文学家、科幻作家、科普作家,他不仅科学功底扎实,而且有着非常好的文笔,他的科幻、科普作品文采斐然。

(2)写作背景

1990 年,“旅行者一号”探测器完成了自己的首要任务,在萨根的建议之下,美国国家航天总署向“旅行者一号”下达了回望地球、拍摄太阳系全家福的命令,于是,就诞生了这张在距离地球 64 亿公里之外的地点所拍摄的照片。在这幅照片当中,地球在广袤宇宙当中,只有一个像素,萨根将其称为暗淡蓝点。

需要特别说明的是,萨根以“暗淡蓝点”为主题,在一所大学的毕业典礼上发表了演讲,最后这篇演讲被收录进他一生中的最后一本著作——《暗淡蓝点》,故笔者将该段节选归于演讲类文章。

2.层次

第一层:第1段,演讲者介绍地球和人类在宇宙中的渺小;
第二层:第2、3段,演讲者提出人类的自大与无知;
第三层:第4段,演讲者呼吁人类应该更加谦卑、感恩。

3.主题

本段节选意在表现宇宙的浩大、地球的娇小和人类的渺小。

4.目的

这段节选意在告诉人类,我们是微不足道的,我们应当更为谦逊地面对这个世界。

5.重点

第4段。

6.基调

深沉,反思。

备稿贴士

这是一篇人类智者对于全体人类的建言书,萨根从天文学的角度深刻阐释了地球与人类在这个辽阔宇宙中的渺小。他在文中对人类文明存在的种种陋习进行了一一批判,核心的议题就是人类应当通过"旅行者一号"所拍摄的这张照片感受到自己在宇宙当中是多么卑微,并且劝慰人类应当谦卑和懂得感恩。这是一篇在天文学历史上非常经典的文章。

如果想成为一个优秀的语言表达者，我们需要了解的绝不仅仅是语言表达专业内部的这一亩三分地，而应当了解更多、更广大的学科知识，让自己的眼界变得开阔，胸怀变得博大。只有这样，我们才能够在处理各种不同题材、内容的稿件时，精准把握稿件涵义，进行有效表达。

朗读技巧

暗淡蓝点(节选)

我们成功地(从外太空)拍到这张照片，细心再看，你会看见一个小点。就是这里，就是我们的家^，就是/我们。在这个小点上，每个你爱的人、每个你认识的人^、每个你曾经听过的人^，以及每个/曾经存在过的人，都在那里/过完一生。这里集合了一切的欢喜与苦难，数千个自信的宗教、意识形态以及经济学说，每个猎人和搜寻者^，每个英雄和懦夫^，每个文明的创造者与毁灭者，每个国王与农夫^，每对相恋中的年轻爱侣^，每个充满希望的孩子，每对父母^、发明家和探险家^，每个教授道德的老师，每个贪污政客^，每个超级巨星^，每个至高无上的领袖^，每个人类历史上的圣人/与罪人，都住在这里 o——一粒悬浮在阳光下的/微尘 o。//

地球是这个浩瀚宇宙剧院里的/一个小小舞台。想想从那些将领和帝王们/挥洒出的血河，他们的光荣与胜利/只为了让他们/成为这一点上一小部分的短暂主宰。想想栖身在这点上一个角落的人/正受着万般苦楚，而在几乎不能区分的同一点上的另外一个角落里/亦同时栖身了另一批人。他们有多常发生误解？他们有多渴望杀了对方？他们的敌意/有多强烈 o?

我们的装模作样^，我们的自以为是，我们的错觉/以为/自己在宇宙里的位置有多优越，都被这暗淡的光点/所挑战。我们的星球/只是在这被漆黑包裹的宇宙里/一粒孤单的微粒而已。我们是如此的不起眼——在这浩瀚之中，我们不会从任何地方得到提示/去拯救/我们自身。//

一直有人说/天文学/是令人谦卑，同时也是一种/塑造性格的学问。对我来说，希望没有比这张/从远处拍摄我们微小世界的照片/更好的示范^，去展示人类自大的愚蠢。对我来说，这强调了/我们应该更加亲切和富有同情心地/去对待身边的每一个人，同时更加保护和珍惜/这暗淡蓝点^，这个我们目前所知唯一的家 o……

“/”代表停顿与节奏放慢，“^”代表连接与节奏加快，“ . ”（着重点）代表重音，“o”代表用虚声，“//”代表层次划分。

郑老师领读

（打开微信扫描二维码收听）

郑老师的话

由英语翻译成的中文文章往往会有很多长难句,这是由英语的句法所决定的,所以,朗读者在面对翻译过来的中文长难句时,要在“停连”这个关键技巧上下更多的功夫。朗读者请留意上面文章中所标示出的停顿与连接的符号,你会发现,许多地方都不是以标点符号为停顿依据的。

在这篇文稿中,第 1 段的难度最大,因为第 1 段包含着很多排比句,尤其是第 2 处排比,有 15 个分句。朗读者请注意笔者在文中的标示,有“ˆ”符号的,代表与前后句子在一个层次之内,语速相对要快;而没有“ˆ”符号的,则可以做一个偷换气。越是靠后的分句在语速上越要比前面的分句相对快些,而到最后一句“每个人类历史上的圣人与罪人”处,节奏要骤然放缓,与前面的句子形成鲜明反差。

相较于第一层次在停连方面表现出的“以连为主,连多于停”,第二、三层次,也就是 2—4 段在停连方面则表现为“以停为主,停多于连”,这是处理长难句,表现思辨过程的一种语言表达方式。因为停多于连,所以总体节奏也较为舒缓,语气要随着这种舒缓的节奏用一种反思劝诫的语气进行抒情。第二层相较于第三层,语气更严肃、更庄重。

在语言表达中,技巧永远是为情感服务的,以上所解析的技巧,请大家在设身处地体会文中情感之后,用情感去驱动技巧,这才是一个朗读者最正确的创作路径。

这是我们这本书系列稿件的最后一篇,希望大家通过这些稿件，不仅能够掌握语言表达的基础技巧，更能够通过这些优美的文字，去认识一个又一个鲜活的作者，去感受一段又一段生动的情感，并且将这些内化为自己的情操。

这是笔者的初衷，如能如此，善莫大焉！

图书在版编目(CIP)数据

领读者 / 郑伟著. --北京:中国传媒大学出版社, 2020.1(2023.11 重印)
(声音者)
ISBN 978-7-5657-2604-0

Ⅰ. ①领… Ⅱ. ①郑… Ⅲ. ①朗诵—语言艺术—通俗读物
Ⅳ. ①H019-49

中国版本图书馆 CIP 数据核字(2019)第 227092 号

领读者
LING DU ZHE

著　　者 郑　伟
策划编辑 张　婧
责任编辑 赖红林
特约编辑 张　婧
封面设计 拓美设计
责任印制 李志鹏

出版发行 中国传媒大学出版社
社　　址 北京市朝阳区定福庄东街 1 号　　邮　　编 100024
电　　话 86-10-65450528 65450532　　传　　真 65779405
网　　址 http://cucp.cuc.edu.cn
经　　销 全国新华书店

印　　刷 唐山玺诚印务有限公司
开　　本 880mm×1230mm 1/32
印　　张 7.75
字　　数 175 千字
版　　次 2020 年 1 月第 1 版
印　　次 2023 年 11 月第 4 次印刷

书　　号 ISBN 978-7-5657-2604-0/H · 2604　　定　　价 36.00 元

本社法律顾问:北京嘉润律师事务所 郭建平